SKANDINAAVIA SÖÖGID AVATUD

100 autentse Skandinaavia maitse meisterdamine nullist

Olga Jõgi

Autoriõigus materjal ©2023

Kõik õigused kaitstud

Ühtegi selle raamatu osa ei tohi mingil kujul ega vahenditega kasutada ega edastada ilma kirjastaja ja autoriõiguse omaniku nõuetekohase kirjaliku nõusolekuta, välja arvatud ülevaates kasutatud lühikesed tsitaadid. Seda raamatut ei tohiks pidada meditsiiniliste, juriidiliste või muude professionaalsete nõuannete asendajaks.

SISUKORD

SISUKORD 3
SISSEJUHATUS 6
HOMMIKUSÖÖK 7
   1. Norra Krumkake 8
   2. Rootsi safranivahvlid 10
   3. Rootsi pannkoogid 12
   4. Norra jõululeib 14
   5. Norra pannkoogid 16
   6. Taani rummi rosinamuffinid 18
   7. Taani munasalat 20
   8. Rootsi safrani kuklid (Saffransbröd) 22
   9. Rootsi haši eine 25
   10. Rootsi ahjupannkoogid 27
   11. Taani rukkileib 29
   12. Lefsa (Norra kartulileib) 31
   13. Taani rukki teravili 33
   14. Rootsi lehtleib 35
   15. Rootsi õlleleib 37
   16. Raggmunk (Rootsi kartulipannkoogid) 39
   17. Taani feta ja spinat Vahvel 41
   18. Muna-, singi- ja juustukreem 43
   19. Norra Bolleri kuklid 45
SUUPIKUD 47
   20. Taani Kringler 48
   21. Taani Aebleskiver 50
   22. Rootsi Aniswe Twists 52
   23. Taani Dandies (Danske Smakager) 54
   24. Rootsi lihapallide eelroad 56
   25. Norra suhkrustatud pähklid 58
   26. Taani teod 60
   27. Norra mandlipulgad 62
   28. Norra kana lihapallid 64
   29. Norra lihapallid viinamarjatarretis 66
KÜPSISED 68
   30. Napoleoni mütsi küpsiste segu 69
   31. Fattigmann (Norra jõuluküpsised) 71
   32. Rootsi jõulukuubikud 73
   33. Pepparkakor (Rootsi ingveriküpsised) 75
   34. Rootsi pöidlaküpsised 77
   35. Rootsi kaerahelbeküpsised 79
   36. Rootsi võiküpsised 81
   37. Rootsi spritziküpsised 83
   38. Rootsi ingveriküpsised 85
   39. Swedish Orange Gingersnaps 87

40. Norra melassiküpsised 89
41. Rootsi mandli poolkuud 91

VORSTID **93**
42. Taani Liverwurst 94
43. Taani sealihavorst 96
44. Rootsi kartulivorst 98
45. Taani Oxford Horns 100
46. Norra vorst 102

PÕHIKURSUS **104**
47. Rootsi Janssons Frestelse Lasagna 105
48. Tilliga Rootsi vasikapraad 107
49. Hamburgerid sibulaga, Rootsi moodi 109
50. Norra pošeeritud lõhe anšoovisevõiga 111
51. Rootsi lihapäts 113
52. Rootsi tilli rostbiifi 115
53. Gravlax (Rootsi suhkru ja soolaga kuivatatud lõhe) 117
54. Rootsi kanasalat 120
55. Norra kadakas kuivatatud lõhe 122
56. Rootsi stiilis praad 124
57. Norra hernesupp 126
58. Lõhe grillitud sibulaga 128

KÕRJED JA SALATID **130**
59. Norra lihasalat 131
60. Taani krõbedad sibulad 133
61. Taani fetajuustu hautatud tomatid 135
62. Norra homaar kartuli ja kooresalatiga 137
63. Rootsi küpsetatud oad 140
64. Norra küpsetatud õunad 142
65. Taani kapsarullid 144
66. Rootsi Cole-Slaw apteegitilliga 146
67. Rootsi Rutabagas 148
68. Taani kurgisalat 150
69. Norra petersellikartul 152

PUUVILJASUPID **154**
70. Taani õunasupp 155
71. Norra mustikasupp 157
72. Taani õunasupp puuvilja ja veiniga 159
73. Taani magus supp 161
74. Norra puuviljasupp (Sotsuppe) 163

MAGUSTOIT **165**
75. Rootsi puuvili lijööris 166
76. Rootsi šokolaadi magustoit konungens tarts 168
77. Taani sinihallitusjuustupirukas 171
78. Norra mandlipuding 173
79. Rootsi rullbiskviidi 175
80. Vegan Rootsi kaneelirullid (Kanelbullar) 177

81. Rootsi pahvikohvikook 180
82. Rootsi juustukreem 182
83. Rootsi kreem marjadega 184
84. Taani käbid 186
85. Norra jõulupuding 188
86. Rootsi pohl Pavlova 190
87. Rootsi šokolaadikook 192
88. Norra kohvikook "Kringlas" 194
89. Taani õuna- ja ploomikook 196
90. Norra rabarberimagustoit 198
91. Rootsi Tosca 200
92. Norra Riskrem 203
93. Taani fondüü 205
94. Rootsi juustupirukas 207
95. Norra lõhetordid 209
JOOGID **211**
96. Jumal Haamer 212
97. Arst 214
98. Rootsi kohvisegu 216
99. Rootsi oda 218
100. Taani kohv 220
KOKKUVÕTE **222**

SISSEJUHATUS

Saates "Skandinaavia sööb avalikult" lummavas valdkonnas esitame sooja kutse sukelduda põhjamaa kütkestavatesse maitsetesse, kus kriimustatud toiduvalmistamise kunst muudab iga roa kulinaarseks meistriteoseks. See kokaraamat on värav Skandinaavia köögi rikkaliku gobelääniga tutvumiseks, avades saladused ja traditsioonid, mis on tõstnud need põhjamaised naudingud kulinaarse lummuse valdkonda.

Kujutage ette Skandinaavia rahulikke fjorde, rohelisi metsi ja intiimseid kööke, kus iga söögikord on lihtsuse, värskuse sümfoonia ja sügav seos piirkonna rikkalike loodusvaradega. "Skandinaavia sööb avalikult" ei ole pelgalt retseptide kogum; see on põhjalik juhend, mis kutsub teid meisterdama 100 autentset Skandinaavia maitset mugavalt oma köögis – teekond, mis toob põhjamaa olemuse otse teie lauale.

Seda kulinaarset odüsseiat alustades valmistuge oma köögi täieliku potentsiaali avamiseks. Nautige avastamist, kuidas töötada kohaliku päritoluga koostisainetega, lihvida ajastutruud tehnikaid ning lisada oma loomingusse soojust ja autentsust, mis iseloomustavad Skandinaavia koduse toiduvalmistamise südant. Olenemata sellest, kas teid tõmbab smørrebrødi maitsev sümfoonia või põhjamaiste hõrgutiste magus võlu, on nende lehtede iga retsept portaal põhjamaa hinge – kohta, kus iga suutäis jutustab lugu kultuurilisest rikkusest ja kulinaarsest pärandist.

Liituge meiega, et paljastada Skandinaavia toitude südames peituvad saladused. Iga kriimuga tehtud looming on südamlik austusavaldus põhjamaise gastronoomia kestvale võlule, kus autentsus on ülim. Las teie köök kostub tilli lohutava aroomi, rukki eksimatu essentsi ja täieliku rahuloluga, mis tuleneb nende autentsete maitsete oma kätega meisterdamisest.

Niisiis, laske kulinaarsel seiklusel areneda. Olgu "Scandinavian Eats Unveiled" teie teejuht, mis juhatab teid läbi põhjamaa maitseimede, ja olgu teie köök igavesti läbi imbunud põhjamaise külalislahkuse vaimust ja kriimustatud Skandinaavia naudingute ajatust võlust. Skål!

HOMMIKUSÖÖK

1.Norra krumkake

KOOSTISOSAD:
- 1 tass universaalset jahu
- ½ tassi granuleeritud suhkrut
- 2 suurt muna
- ½ tassi soolata võid, sulatatud
- ½ tassi rasket koort
- ½ tl jahvatatud kardemoni (valikuline)
- ½ tl vaniljeekstrakti
- tuhksuhkur tolmutamiseks (valikuline)

ERIVARUSTUS:
- Krumkake triikraud (spetsiaalne vahvlikoonuse valmistaja)
- Krumkake koonusrull (vahvli koonusteks vormimiseks)

JUHISED:
a) Vahusta segamisnõus jahu ja suhkur.
b) Eraldi kausis klopi lahti munad. Lisa sulatatud või, koor, kardemon (kui kasutad) ja vaniljeekstrakt. Vahusta, kuni see on hästi segunenud.
c) Vala märjad ained kuivainete hulka ja vahusta ühtlaseks taignaks. Tainas peaks oma konsistentsilt olema pannkoogitainaga sarnane.
d) Kuumutage krumkake triikrauda vastavalt tootja juhistele.
e) Määri kuum krumkake triikraud kergelt küpsetussprei või sulavõiga.
f) Tõsta umbes 1 supilusikatäis tainast triikraua keskele ja sulge see tihedalt.
g) Küpseta krumkake umbes 20-30 sekundit või kuni see on kuldpruun. Põlemise vältimiseks jälgige seda hoolikalt.
h) Eemalda krumkake ettevaatlikult kahvli või spaatliga triikrauast ja rulli krumkake koonusrulli abil kohe koonusekujuliseks. Olge ettevaatlik, sest krumkake on kuum.
i) Aseta rullitud krumkake restile jahtuma ja tarduma. See muutub jahtudes krõbedaks.
j) Korrake protsessi ülejäänud taignaga, määrides triikrauda iga kord.
k) Kui krumkake käbid on jahtunud ja krõbedaks muutunud, võid neid soovi korral tuhksuhkruga üle puistada.
l) Serveeri krumkake käbisid sellisel kujul või täitke need vahukoore, puuviljakonservide või muude teie valitud magusate täidistega.
m) Krõbeduse säilitamiseks hoidke ülejäänud krumkake õhukindlas anumas.

2. Rootsi safrani vahvlid

KOOSTISOSAD:
- 2 tassi universaalset jahu
- ½ tassi granuleeritud suhkrut
- 1 spl küpsetuspulbrit
- ¼ teelusikatäit soola
- ½ tl jahvatatud kardemoni
- ½ tl safrani niidid
- 2 ½ tassi piima
- ½ tassi soolata võid, sulatatud ja jahutatud
- 2 suurt muna
- Serveerimiseks vahukoor ja pohlamoos (valikuline)

JUHISED:
a) Purusta väikeses kausis uhmri ja nuia abil safrani niidid, kuni need vabastavad oma aroomi ja värvi.
b) Vahusta suures segamiskausis jahu, suhkur, küpsetuspulber, sool, jahvatatud kardemon ja purustatud safran.
c) Vahusta eraldi kausis piim, sulavõi ja munad ühtlaseks seguks.
d) Vala märjad ained kuivainete hulka ja vahusta ühtlaseks taignaks. Tainas peaks olema valatava konsistentsiga.
e) Kata tainas kaanega ja lase umbes 30 minutit toatemperatuuril seista, et maitsed sulaksid.
f) Eelsoojendage vahvlirauda vastavalt tootja juhistele.
g) Määri kuum vahvliraud kergelt keedusprei või sulavõiga.
h) Valage osa taignast triikraua keskele, kasutades soovitatud kogust vastavalt vahvliraua suurusele.
i) Sulge vahvliraud ja küpseta, kuni safranivahvlid on kuldpruunid ja krõbedad.
j) Eemaldage safranivahvlid ettevaatlikult triikrauast ja asetage need restile veidi jahtuma.
k) Korrake protsessi ülejäänud taignaga, määrides triikrauda iga kord.
l) Serveeri safranivahvlid soojalt, kas niisama või koos vahukoore ja lusikatäie pohlamoosiga.

3. Rootsi pannkoogid

KOOSTISOSAD:
- 4 eriti suurt muna, eraldatud
- 1 tass universaalset jahu
- 1/2 teelusikatäit soola
- 2 spl valget suhkrut
- 1 tass piima
- 3 spl hapukoort
- 4 munavalget
- 3 supilusikatäit taimeõli

JUHISED:
a) Vahusta munakollased keskmise suurusega segamisnõus, kuni see muutub paksuks. Sõelu eraldi kaussi suhkur, sool ja jahu. Lisa vahustatud munakollaste hulka vähehaaval suhkrusegu ja piim. Sega hulka hapukoor.
b) Vahusta munavalged keskmise suurusega segamisnõus, tagades, et see ei oleks kuivanud, vaid jäik. Murra munavalged taignasse.
c) Valage kõrgele temperatuurile kuumutatud pannile või küpsetusplaadile väike kogus õli. Lisa pannile umbes 1 supilusikatäis tainast ja aja tainas ühtlaselt laiali. Kuumuta pannkook ühelt poolt pruuniks.
d) Pöörake pannkook ümber, kui pinnal on mullid. Kuumuta teist poolt, kuni see muutub pruuniks, ja korrake seda protsessi allesjäänud taignaga.

4.Norra jõululeib

KOOSTISOSAD:
- 2 pakki Kuivpärm
- ½ tassi sooja vett
- 1 tl Suhkur
- 1 tass piima, põletatud
- ½ tassi võid
- 1 muna, lahtiklopitud
- ½ tassi suhkrut
- ½ teelusikatäit soola
- ¾ tl kardemoni
- 5 tassi jahu, umbes
- ½ tassi sidrunit, tükeldatud
- ½ tassi suhkrustatud kirsse, tükeldatud
- ½ tassi valgeid rosinaid

JUHISED:
a) Lahusta pärm soojas vees vähese suhkruga.
b) Keeda piim ja lisa või; jahtuda leigeks. Lisa muna ja seejärel pärmisegu.
c) Lisa suhkur, sool ja kardemon. Klopi sisse 2 tassi jahu ja sega korralikult läbi.
d) Sega puuviljad vähese ülejäänud jahuga kokkukleepumise vältimiseks ja lisa segule.
e) Sega hulka ülejäänud jahu. Sõtku jahusel riidel ühtlaseks. Aseta võiga määritud kaussi. Kata ja lase kerkida kahekordseks.
f) Jaga tainas kaheks osaks ja vormi ümmargused pätsid. Aseta võiga määritud küpsisevormidele või pirukavormidele. Lase kerkida peaaegu kahekordseks.
g) Küpseta 350 kraadi Fahrenheiti juures 30 kuni 40 minutit.
h) Pintselda soojalt pehme võiga või kaunista mandlimaitseainega segatud tuhksuhkruglasuuriga, seejärel lisa mandlid ja veel suhkrustatud kirsse.

5. Norra pannkoogid

KOOSTISOSAD:
- 1 spl sulatatud võid
- ⅔ tassi piima
- 2 munakollast
- 2 munavalget
- ¼ tassi Paks koor
- 1 tl Küpsetuspulber
- ½ tassi jahu

JUHISED:
a) Sega jahu, küpsetuspulber, piim ja munakollased mõnusaks ühtlaseks taignaks.
b) Lisa koor ja sulatatud või.
c) Vahusta munavalged tugevaks vahuks, seejärel sega need taignasse.
d) Prae taigen 8–12-tollisel pannil.
e) Praetuna määri pannkoogile suvalist moosi, seejärel voldi neljaks ja serveeri magustoiduna.

6.Taani rummi rosinamuffinid

KOOSTISOSAD:
- 1 tass rosinaid
- 1 tass tumedat rummi
- 2 tassi Jahu
- ½ tassi suhkrut
- 1½ teelusikatäit küpsetuspulbrit
- ½ tl Söögisoodat
- ¼ teelusikatäit soola
- ¼ teelusikatäit muskaatpähkel
- ¾ Kleepige võid
- 1 tass hapukoort
- 1 muna
- ¾ tl vanilli

JUHISED:
a) Leota rosinaid rummis üle öö. Nõruta ja jäta rumm alles.
b) Sega suures kausis kuivained jahu, suhkur, küpsetuspulber, sooda, sool ja muskaatpähkel.
c) Tükeldage võid, kuni see meenutab jämedat jahu.
d) Sega hulka nõrutatud rosinad.
e) Vahusta eraldi kausis hapukoor, muna, vanill ja 2 spl rummi ühtlaseks massiks.
f) Tehke kuivainetesse süvend ja valage märg segu sisse.
g) Täida muffinivormid ¾ ulatuses taignaga.
h) Küpsetage eelkuumutatud 375 °F (190 °C) ahjus kuni pruunistumiseni, umbes 20 minutit.

7.Taani munasalat

KOOSTISOSAD:
- ½ naela Külmutatud herned
- 1 purk (2,25 untsi) väikesi krevette
- 6 muna; keedeti 10 minutit
- 3 untsi suitsulõhe
- 1½ untsi majoneesi
- 4 untsi hapukoort
- Sool & pipar maitse järgi
- 1 näputäis suhkrut
- ¼ sidruni; mahla
- ½ hunnik peterselli; hakitud
- 1 tomat
- Natuke peterselli

JUHISED:
a) Keeda herned vastavalt pakendi juhistele; nõruta ja lase neil jahtuda.
b) Nõruta krevetid.
c) Koori ja viiluta keedetud munad.
d) Lõika suitsulõhe väikesteks ribadeks.
e) Sega kõik koostisained kokku.
f) Valmistage marinaad, segades maitse järgi majoneesi, hapukoort, soola, pipart, suhkrut, hakitud peterselli ja sidrunimahla.
g) Sega kõik koostisained ettevaatlikult kokku ja pane 10-15 minutiks külmkappi.
h) Koori tomat ja lõika viiludeks.
i) Kaunista salat petersellitükkidega.

8.Rootsi safrani kuklid (Saffransbröd)

KOOSTISOSAD:
- ½ tl kuivatatud safrani niite
- 1 tass pool ja pool
- 2 ümbrikut kuivpärmi
- ¼ tassi leiget vett
- 1 spl suhkrut
- ⅓ tassi suhkrut
- 1 tl soola
- ⅓ tassi soolamata võid
- 1 muna, lahtiklopitud
- 4 tassi sõelutud jahu või vastavalt vajadusele
- 1 munakollane lahtiklopitud 1 spl piimaga
- 1 munavalge, lahtiklopitud
- Rosinad või sõstrad, kaunistuseks
- Tükk suhkur, purustatud
- Riivitud blanšeeritud mandlid

JUHISED:

a) Purustage kuiv safran peeneks pulbriks ja leotage 1 või 2 supilusikatäit leiget pool ja pool 10 minutit.
b) Piserdage pärm ¼ tassi leigesse vette, lisage 1 spl suhkrut, katke kergelt ja asetage sooja kohta 5–10 minutiks või kuni vahuni.
c) Kuumuta ülejäänud pool ja pool ning lisa ⅓ tassi suhkrut, soola ja võid. Sega kuni või sulab. Jahuta leigeks.
d) Lisa kõrvetatud segu pärmisegule koos kurnatud safranipiima ja 1 lahtiklopitud munaga. Sega hästi.
e) Sega järk-järgult jahu, kuni segu on ühtlane ja mitte kleepuv, kuid siiski pehme ja painduv. Sõtku 10 minutit või kuni see muutub läikivaks ja elastseks.
f) Pane tainas kergelt jahuga üle puistatud kaussi, puista taigna ülaosa jahuga, kata lõdvalt ja tõsta tuuletõmbuseta nurka kerkima, kuni see kahekordistub, umbes 1½ tundi.
g) Suruge tainas alla ja sõtke 2 või 3 minutit. Vormige see vormidesse ("kasside" jaoks nagu allpool kirjeldatud). Laske sellel 30 minutit kerkida ja küpsetage eelkuumutatud 400 °F ahjus 10 minutit. Vähendage kuumust 350 ° F-ni ja küpsetage veel 30 minutit või kuni kuldpruunini.

Lussekatter – Lucia kassid:

h) Näpi ära väikesed taignatükid ja rulli need 5–7 tolli pikkuseks vorstikujuliseks.
i) Asetage need ribad paarikaupa kokku, pigistage nende ühendamiseks keskkohad kokku ja kerige neli otsa välja.
j) Määri pealt munakollaseglasuuriga ja küpseta.
k) Kasutades veidi munavalget, torka iga kuumade kuklite keskele rosin või sõstar.

9.Rootsi haši eine

KOOSTISOSAD:
- 1 ja 1/2 supilusikatäit oliiviõli
- 1/2 kg kartulit, kooritud ja kuubikuteks lõigatud
- 1 keskmine sibul, peeneks viilutatud
- 5 untsi suitsutatud sealiha, tükeldatud
- 5 untsi sinki, tükeldatud (umbes 1/2 tassi, kuhjaga)
- 10 untsi vorsti, tükeldatud (umbes 300 grammi)
- sool ja pipar, maitsestamiseks
- petersell, kaunistuseks jämedalt hakitud

JUHISED:
a) Pane keskmisele või suurele pannile keskmisel-kõrgel kuumusel, seejärel lisa õli .
b) Kui õli on kuum, lisa kuubikuteks lõigatud kartulid.
c) Küpseta, kuni kartul on pooleldi valmis.
d) Lisa sibul, sool ja pipar.
e) Seadke kuumus keskmisele tasemele ja küpseta umbes 4 minutit või kuni sibul on pehmenenud.
f) Lisa suitsutatud sealiha, sink ja vorst.
g) Küpseta, kuni kartulid on valmis, samal ajal kontrollides ja reguleerides selle aja jooksul maitseaineid.
h) Tõsta pann tulelt ja tõsta taldrikutele.
i) Serveeri mõne marineeritud peedi ja praemunaga.

10.Rootsi ahjupannkoogid

KOOSTISOSAD:
- 3 tassi piima
- 4 suurt muna
- 2 tassi Jahu
- 4 spl Võid, sulatatud
- 1 tl Sool
- 2 supilusikatäit Suhkur

JUHISED:
a) Klopi munad hästi lahti.
b) Lisa piim, sulavõi, sool ja jahu.
c) Küpsetage võiga määritud 9 x 13 pannil 425 °F ahjus 25–30 minutit.
d) Lõika ruutudeks ja serveeri kohe koos või ja siirupiga.

11. Taani rukkileib

KOOSTISOSAD:
1. päev
- 2 tassi (500 ml) vett, toatemperatuur
- 3 tassi (300 g) täistera rukkijahu
- 1 unts. (25 g) rukkijuuretise juuretis

2. päev
- 4 tassi (1 liiter) vett, toatemperatuur
- 8 tassi (800 g) täistera rukkijahu
- 2 tassi (250 g) täistera nisujahu
- 2 supilusikatäit (35 g) soola
- 4½ untsi. (125 g) päevalilleseemned
- 4½ untsi. (125 g) kõrvitsaseemneid
- 2½ untsi. (75 g) terveid linaseemneid

JUHISED:
a) Sega ained korralikult läbi ja lase üleöö toatemperatuuril seista.
b) Kombineeri eelmisel päeval valmistatud tainas uute koostisosadega. Sega hoolikalt umbes 10 minutit.
c) Jagage tainas kolmeks 8 × 4 × 3 tolli (1½ liitriseks) leivavormiks. Pannid peaksid olema täidetud ainult kahe kolmandiku ulatuses. Lase soojas kohas 3–4 tundi kerkida.
d) Ahju algtemperatuur: 475 °F (250 °C)
e) Asetage pannid ahju ja vähendage temperatuuri 180 °C-ni (350 °F). Piserdage ahju põrandale tass vett. Küpseta pätsi 40–50 minutit.
f) 2. päev: sega ülejäänud koostisosad eelroaga.
g) Sega tainast korralikult umbes 10 minutit.
h) Asetage tainas 8 × 4 × 3-tollisse leivavormi (1 1/2 liitrit). Täitke pann mitte rohkem kui kaks kolmandikku tipust. Lase kerkida, kuni tainas on jõudnud vormi servani.

12. Lefsa (Norra kartulileib)

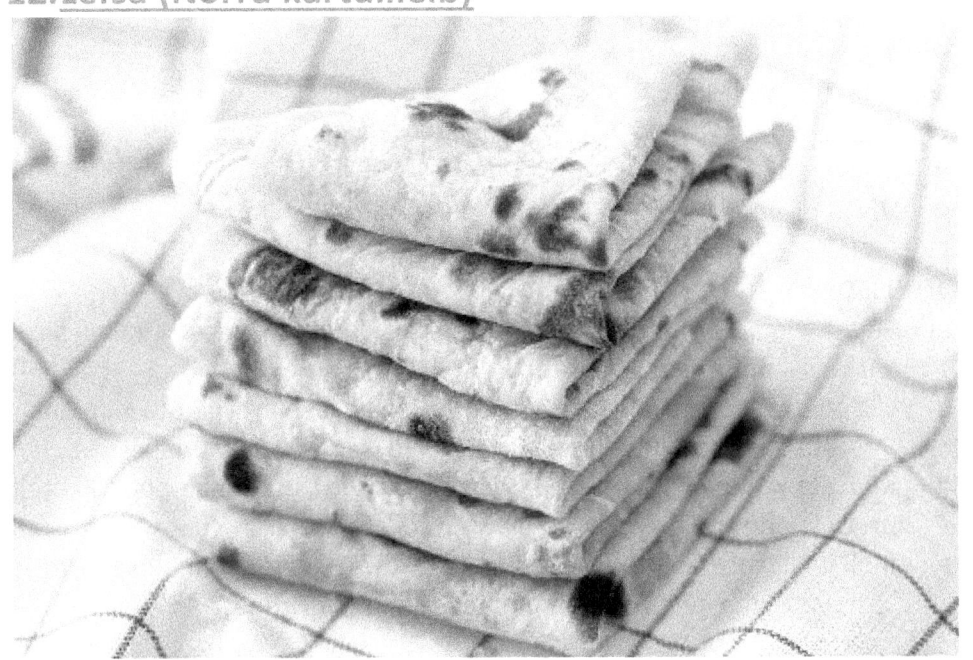

KOOSTISOSAD:
- 3 tassi Instant Hungry Jacki kartulipüree
- 1 tl Sool
- ¼ tassi margariini
- 1 tass piima
- 1 tass jahu
- Või ja pruun suhkur maitse järgi

JUHISED:
a) Sulata margariin ja sool 1 tassi keevas vees. Vala segu kiirkartulipudrule ja sega läbi.
b) Lisage 1 tass piima ja 1 tass jahu; sega kokku, seejärel jahuta külmkapis.
c) Veereta segust golfipalli suurused pallid, seejärel rulli õhukeseks.
d) Küpseta kuumal grillil (kergelt õliga määritud), mõlemalt poolt kergelt pruunistades.
e) Rulli lefsa koos või ja fariinsuhkru sees kokku. Teise võimalusena võite vastavalt oma eelistusele asendada teiste täidistega.

13. Taani rukki teravili

KOOSTISOSAD:
- 1 tass terveid rukkimarju, töötlemata
- 2 tl jahvatatud kaneeli
- 1 tl köömneid
- 1 spl vaniljeekstrakti
- 3 tassi vett
- ¼ tassi rosinaid
- Ricotta juust (valikuline)
- Suhkur (valikuline)

JUHISED:
a) Kombineerige kastrulis kõik koostisosad, välja arvatud rosinad, ricotta ja suhkur; sega hästi.
b) Kuumuta keemiseni.
c) Alanda kuumust ja keeda kaane all 1 tund. Sega aeg-ajalt; kõrbemise vältimiseks lisa vajadusel vett.
d) Küpsetusaja viimase 15 minuti jooksul lisa rosinad.
e) Soovi korral lisa igale portsjonile täpike ricotta juustu ja suhkrut.

14. Rootsi lehtleib

KOOSTISOSAD:
- 2 tassi valget jahu
- ¾ tassi rukkijahu
- ¼ tassi suhkrut
- ½ tl Söögisoodat
- ½ teelusikatäit soola
- ½ tassi võid või margariini
- 1 tass petipiima
- 2 supilusikatäit apteegitilli seemneid

JUHISED:
a) Sega kausis valge jahu, rukkijahu, suhkur, sool ja söögisooda.
b) Lõika margariini sisse, kuni segu meenutab peent puru.
c) Segage pett ja lisage kahvli abil apteegitilli seemneid, kuni segu püsib.
d) Vormige tainast väikesed pallid ja veeretage need jahusel laual väga õhukesed, umbes nelja-viie tollise läbimõõduga ringid.
e) Küpsetage määrimata lehtedel temperatuuril 375 ° F umbes viis minutit või kuni need on helepruunid.

15. Rootsi õlleleib

KOOSTISOSAD:
- 1 pakk Kuivpärm
- 1 tl granuleeritud suhkrut
- ½ tassi vett, soe (100 °F)
- 2 tassi õlut, kuumutatud leigeks
- ½ tassi mett (kohanda maitse järgi)
- 2 spl Võid, sulatatud
- 2 teelusikatäit soola
- 1 tl jahvatatud kardemon (valikuline)
- 1 spl köömneid, purustatud või ¾ tl aniisi, purustatud
- 2 spl apelsinikoort, värske või suhkrustatud, tükeldatud
- 2½ tassi Jahu, rukis
- 3 tassi jahu, pleegitamata

JUHISED:
a) Lahustage pärm ja suhkur suures kausis soojas vees ja keetke viis minutit.
b) Sega õlu, mesi, sulavõi ja sool. Sega korralikult läbi ja lisa pärmisegule.
c) Lisa kardemon, purustatud köömne seemned või aniis ja hakitud apelsinikoor. Sega hästi.
d) Sega jahud, seejärel lisa kolm tassi seda segu vedelikule. Lööge hoogsalt.
e) Kata rätikuga ja lase soojas pimedas kohas umbes tund kerkida.
f) Segage ja lisage nii palju ülejäänud jahu, et tekiks üsna jäik, kuid siiski kleepuv tainas.
g) Tõsta korralikult jahuga ülepuistatud lauale ja töötle tainast, kuni see on ühtlane ja elastne. Vajadusel lisa lauale veel jahu.
h) Vormi tainast pall, määri pind õliga ja aseta õliga määritud kaussi. Kata rätikuga ja lase teist korda kerkida, umbes tund.
i) Torka maha, vormi kaheks palliks ja pane määritud küpsetusplaadile, millele on puistatud maisijahu.
j) Pintselda sulavõiga, kata lõdvalt vahatatud paberiga ja pane kolmeks tunniks külmkappi.
k) Eemaldage külmkapist ja laske kümme kuni viisteist minutit katmata laual seista.
l) Küpseta 375-kraadises ahjus, kuni leib kostab põhja koputades õõnsana, umbes 40–45 minutit.
m) Enne viilutamist jahutada.

16. Raggmunk (Rootsi kartulipannkoogid)

KOOSTISOSAD:
- 3 spl Jahu
- ½ teelusikatäit soola
- 1¼ detsiliitrit lõssi
- 1 muna
- 90 grammi kartulit, kooritud
- 1 tl õli või margariini

JUHISED:
a) Vahusta jahu ja sool poole piimaga.
b) Lisa muna ja ülejäänud piim.
c) Riivi kartulid ja lisa need segule. Sega põhjalikult.
d) Sulata margariin praepannil.
e) Pane õhuke kiht segu pannile ja prae helepruuniks.
f) Pöörake ja praege ka teine pool pruuniks.
g) Serveeri oma Raggmunki koos magustamata pohlamoosi ja mõne köögiviljaga. Vahelduseks võib osa kartulitest ka porgandiga asendada. Nautige oma Rootsi kartulipannkooke!

17. Taani feta ja spinati vahvel

KOOSTISOSAD:

- 2 muna, eraldatud
- 1½ tassi piima
- 125 g võid, sulatatud
- 1½ tassi isekerkivat jahu
- 1 tl soola
- 150 g pehmet fetat, jämedalt murendatud ¼ tassi riivitud parmesani
- 150g külmutatud spinatit, sulatatud, liigne niiskus välja pressitud
- Serveerimiseks grillpeekon ja tomatid

meetod

1. Valige säte BELGIAN ja helistage pruunistamise juhtkettal 6.
2. Eelsoojendage, kuni oranž tuli hakkab vilkuma ja sõnad HEATING kaovad.
3. Vahusta munakollased, piim ja või.
4. Pane jahu ja sool suurde kaussi, tee keskele süvend.
5. Vahusta muna-piima segu ettevaatlikult ühtlaseks taignaks. Sega läbi murendatud feta ja spinat.
6. Vahusta munavalged kõvaks vahuks, sega ettevaatlikult taigna hulka.
7. Kasutades vahvli doseerimistopsi, valage igasse vahvliruutu ½ tassi tainast. Sulgege kaas ja küpseta, kuni taimer on lõppenud ja kostub 3 korda valmis piiks. Korrake ülejäänud taignaga.
8. Serveeri grillpeekoni ja tomatitega.

18.Muna-, singi- ja juustukrepid

KOOSTISOSAD:
- Sulatatud selitatud või
- 2 tassi soolast tatrakrepi taignat
- 8 muna
- 4 untsi Hakitud Taani sink
- 4 untsi Shredded Monterey pesa
- juust

JUHISED:
a) Kuumuta 9- või 10-tolline krepppann või pann mõõdukalt kõrgel kuumusel.
b) Pintselda ohtralt sulavõiga.
c) Kui või säriseb, lisage ¼ tassi tatrakrõpsu taigna ja keerake pannile.
d) Murra taigna keskele õrnalt üks muna, hoides munakollast tervena.
e) Küpseta seni, kuni valge on tahenenud, munakollane peaks jääma vedel.
f) Kõige peale lisa ½ untsi sinki ja ½ untsi juustu.
g) Murra Crêpe'i küljed õrnalt juustu peale. Tõsta Crêpe spaatliga soojale taldrikule.
h) Jätka ülejäänud krepp-taigna ja munadega.

19. Norra Bolleri kuklid

KOOSTISOSAD:
- 1½ tassi piima
- 1½ untsi Värske pärm
- 3 untsi võid
- 4 tassi nisujahu
- ½ tassi suhkrut
- 2 tl Jahvatatud kardemoni
- Rosinad maitse järgi (valikuline, 1-2 tassi)
- 1 muna glasuurimiseks

JUHISED:
a) Alustuseks sulatage või ja laske sellel leigeks jahtuda.
b) Soojendage piim temperatuurini umbes 37 °C (100 °F), tagades, et see saavutab leige temperatuuri.
c) Sega värske pärm leige piima hulka. Kuivpärmi kasutamisel sega see otse jahu hulka.
d) Sega eraldi segamiskausis suhkur, jahvatatud kardemon ja rosinad (soovi korral) jahuga.
e) Lisa kuivainetele piima ja pärmi segu ning seejärel sulatatud ja jahutatud või. Sega intensiivselt, kuni tainas muutub läikivaks ja elastseks. Kui tainas on liiga kleepuv, võid lisada veidi rohkem jahu.
f) Kata tainas kilega ja aseta sooja kohta. Laske sellel kerkida, kuni see on kahekordistunud, mis võtab tavaliselt umbes 45–60 minutit. Kui teete kringlit, siis siin peatute.
g) Magusate kuklite jaoks sõtku tainas kergelt läbi ja vormi sellest pikk vorst. Jaga tainas 24 võrdseks osaks ja vormi igast tükist ümmargune pall.
h) Aseta vormitud kuklid võiga määritud ahjuplaadile ja lase veel 20 minutit kerkida.
i) Eelsoojenda ahi soovitatud temperatuurini.
j) Klopi lahti muna ja pintselda sellega kuklite pealseid.
k) Küpseta kukleid ahju keskmisel siinil, kuni need on kahvatute külgedega kenasti pruunid.
l) Nautige omatehtud magusaid kukleid!

SUUPISTED

20. Taani Kringler

KOOSTISOSAD:
- 2 ¼ tassi universaalset jahu
- 2 supilusikatäit granuleeritud suhkrut
- 1 tl kiirpärmi
- ½ tl soola
- ½ tassi piima, leige
- 2 spl soolata võid, sulatatud
- 1 muna, lahtiklopitud

KATTEKS:
- 1 muna, lahtiklopitud
- Puistamiseks pärlsuhkur või jäme suhkur

JUHISED:
a) Sega suures segamiskausis jahu, suhkur, kiirpärm ja sool.
b) Lisa kuivainetele leige piim, sulavõi ja lahtiklopitud muna. Sega, kuni tainas kokku tuleb.
c) Tõsta tainas kergelt jahusele pinnale ja sõtku umbes 5-7 minutit ühtlaseks ja elastseks.
d) Aseta tainas tagasi kaussi, kata puhta rätikuga ja lase soojas kohas kerkida umbes 1 tund või kuni see kahekordistub.
e) Kuumuta ahi temperatuurini 375 °F (190 °C). Vooderda ahjuplaat küpsetuspaberiga.
f) Jagage tainas 6 võrdseks osaks. Rullige iga tükk pikaks, umbes 20 tolli pikkuseks köieks.
g) Vormi igast nöörist kringlilaadne sõlm, ristates otsad üksteise peale ja surudes need taigna alla.
h) Aseta vormitud kringlerid ettevalmistatud ahjuplaadile. Määri need lahtiklopitud munaga ja puista peale pärlsuhkrut või jämedat suhkrut.
i) Küpseta eelkuumutatud ahjus umbes 12-15 minutit või kuni kuldpruunini.
j) Võta ahjust välja ja lase neil enne serveerimist veidi jahtuda.

21. Taani Aebleskiver

KOOSTISOSAD:
- 1 ½ tassi universaalset jahu
- 2 spl suhkrut
- ½ tl küpsetuspulbrit
- ¼ teelusikatäit soola
- 1 ¼ tassi petipiima
- 2 suurt muna
- Või või õli, küpsetamiseks
- Tuhksuhkur, serveerimiseks
- Moos või konservid, serveerimiseks

JUHISED:
a) Vahusta segamiskausis jahu, suhkur, küpsetuspulber ja sool.
b) Klopi eraldi kausis kokku petipiim ja munad.
c) Valage märjad koostisosad kuivade koostisosade hulka ja segage, kuni need on lihtsalt segunenud.
d) Kuumuta aebleskiveri pann keskmisel kuumusel ja määri see kergelt või või õliga.
e) Täitke panni iga süvend taignaga, umbes ¾ ulatuses.
f) Küpseta aebleskiverit, kuni põhjad on kuldpruunid, seejärel keerake need varda või kudumisvardaga ümber ja küpsetage teiselt poolt.
g) Korrake ülejäänud taignaga. Serveeri aebleskiver tuhksuhkruga üle puistatuna ja koos moosi või hoidistega.

22. Rootsi Aniswe Twists

KOOSTISOSAD:
- 2 1/2 tassi universaalset jahu
- 1/2 tassi soolamata võid, pehmendatud
- 1/2 tassi granuleeritud suhkrut
- 2 tl aniisi ekstrakti
- 1/2 tl küpsetuspulbrit
- 1/4 teelusikatäit soola
- 1 muna
- Pärlisuhkur piserdamiseks (valikuline)

JUHISED:
a) Kuumuta ahi temperatuurini 375 °F (190 °C) ja vooderda küpsetusplaat küpsetuspaberiga.
b) Vahusta suures segamiskausis pehme või, granuleeritud suhkur ja aniisiekstrakt heledaks ja kohevaks vahuks.
c) Vahusta eraldi kausis jahu, küpsetuspulber ja sool.
d) Lisa vähehaaval võisegule kuivained, pärast iga lisamist korralikult läbi segades.
e) Klopi sisse muna, kuni tainas kokku tuleb.
f) Jagage tainas väikesteks tükkideks ja rullige iga tükk pikaks, umbes 8 tolli pikkuseks köieks.
g) Keerake iga köis S-kujuliseks ja asetage see ettevalmistatud küpsetusplaadile.
h) Puista keerdudele (soovi korral) pärlsuhkrut.
i) Küpseta 10-12 minutit või kuni servad on kergelt kuldsed.
j) Enne serveerimist lase keerdudel täielikult jahtuda.

23. Taani Dandies (Danske Smakager)

KOOSTISOSAD:
- ½ tassi võid
- ½ tassi lühendamist
- ¾ tassi suhkrut
- ½ teelusikatäit soola
- ½ tl vanilli
- ½ tl sidruniekstrakti
- 3 kõvaks keedetud muna, sõelutud
- 2 tassi Sõelutud jahu
- Maisisiirup
- Hakitud pähklid

JUHISED:
a) Vahusta või, koor ja suhkur heledaks ja kohevaks vahuks.
b) Lisa sool, vanill, sidruniekstrakt ja sõelutud kõvaks keedetud munad. Sega hästi.
c) Sega juurde sõelutud jahu ja sega ühtlaseks.
d) Vormi tainast käte abil väikesed pallid ja aseta need ahjuplaadile.
e) Tehke pöidla või lusikaseljaga iga küpsise keskele taane.
f) Täida iga süvend väikese koguse maisisiirupiga ja puista peale hakitud pähkleid.
g) Küpseta eelkuumutatud ahjus küpsise retsepti järgi või kuni servad on kuldpruunid.
h) Lase küpsistel mõni minut küpsetusplaadil jahtuda, enne kui tõstad need restile täielikult jahtuma.

24. Rootsi lihapallide eelroad

KOOSTISOSAD:
- 2 spl Toiduõli
- 1 nael   jahvatatud veiseliha
- 1 muna
- 1 tass pehmet leivapuru
- 1 tl pruuni suhkrut
- ½ teelusikatäit soola
- ¼ teelusikatäit pipart
- ¼ teelusikatäit ingverit
- ¼ tl Jahvatatud nelk
- ¼ teelusikatäit muskaatpähkel
- ¼ teelusikatäit kaneeli
- ⅔ tassi piima
- 1 tass hapukoort
- ½ teelusikatäit soola

JUHISED:
a) Kuumuta praepannil toiduõli. Sega kokku kõik ülejäänud koostisosad, välja arvatud hapukoor ja ½ tl. soola.
b) Vormi eelroa suurused lihapallid (umbes 1" läbimõõduga). Pruunista toiduõlis igast küljest kuni täielikult küpseks.
c) Eemalda pannilt ja nõruta paberrätikutel. Vala üleliigne rasv ära ja jahuta pannil veidi. Pruunistuste vahustamiseks lisage väike kogus hapukoort ja segage. Seejärel lisa ülejäänud hapukoor ja ½ tl. sool, segades segades.

25. Norra suhkrustatud pähklid

KOOSTISOSAD:
- 1 munavalge
- 1½ teelusikatäit vett
- 3 tassi soolatud segatud pähkleid
- 1 tass suhkrut segatuna ½ tl kaneeliga

JUHISED:
a) Sega kausis munavalge ja vesi, kergelt vahustades. Lisage pähklid ja katke need hästi.
b) Sega segatud suhkru ja kaneeli segu kaetud pähklite hulka.
c) Laota pähklisegu ühe kihina HÄSTI MÄÄRITUD pruunile paberile tarretisrullpannile.
d) Küpsetage eelkuumutatud ahjus 350 kraadi Fahrenheiti järgi 25–30 minutit, küpsetamise ajal üks või kaks korda segades.
e) Eemaldage paberilt, kui see on jahtunud. Nautige oma Norra suhkrustatud pähkleid!

26. Taani teod

KOOSTISOSAD:
- ½ partii Taani kondiitritooted
- ½ Pulga võid
- ½ tassi helepruuni suhkrut
- ¾ tassi hakitud pekanipähklit või kreeka pähkleid
- Kaneel
- Munapesu
- Vesi jäätumine

JUHISED:
a) Rulli tainas 12x20-tolliseks ristkülikuks.
b) Määri pehme võiga ja puista üle pruuni suhkru, pekanipähklite ja kaneeliga.
c) Rulli 20-tollisest küljest kokku ja lõika 12 tükiks.
d) Aseta tükid, lõikepool üleval, paberist muffinitopsidega vooderdatud muffinivormidesse.
e) Proof 50% ja munapesu.
f) Küpseta 375 kraadi juures umbes 25 minutit.
g) Jahuta ja nirista peale vesiglasuur.

27. Norra mandlibatoonid

KOOSTISOSAD:
ALUS:
- 1¾ tassi universaalset jahu
- ¾ tassi suhkrut
- 1 tl Küpsetuspulber
- ½ tassi kartulipüree helbeid
- ½ tl kaneeli
- ½ teelusikatäit soola
- ¾ tassi margariini või võid, pehmendatud
- ½ tl kardemoni
- 1 muna

TÄITMINE:
- 1¼ tassi tuhksuhkrut
- ½ tassi vett
- 1 tuub (7 untsi) mandlipasta

JUHISED:
a) Kuumuta ahi temperatuurini 375 kraadi Fahrenheiti järgi.
b) Tõsta jahu kergelt lusikaga mõõtetopsi; ühtlustuma. Sega suures kausis jahu ja ülejäänud põhja koostisosad; blenderda kuni tekib puru.
c) Suru pool segust määrimata 13x9-tollisele pannile. Ülejäänud segu jäta katteks.
d) Sega suures kausis kõik täidise koostisosad ja sega korralikult läbi.
e) Määri täidis põhjale ja puista reserveeritud segu täidisele.
f) Küpseta 375 kraadi juures 25-30 minutit või kuni helekuldpruunini.
g) Jahuta täielikult ja lõika ribadeks.
h) Nautige oma maitsvaid Norra mandlibatoone!

28. Norra kana lihapallid

KOOSTISOSAD:
- 1 nael   jahvatatud kana
- 4½ tl maisitärklist; jagatud
- 1 suur muna
- 2¼ tassi kana puljong; jagatud
- ¼ teelusikatäit soola
- ½ tl Värskelt riivitud sidrunikoort
- 2 spl hakitud värsket tilli; jagatud
- 4 untsi   Gjetost juustu; lõika 1/4-tollisteks kuubikuteks
- 4 tassi Kuumad keedetud munanuudlid

JUHISED:
a) Klopi lahti muna; lisage napp ¼ tassi puljongit ja 1 ¼ tl maisitärklist. Sega ühtlaseks. Lisa sidrunikoor ja 1 sl värsket tilli. Lisage sellele segule jahvatatud kana.
b) Kuumuta kaks tassi puljongit 10- või 12-tollisel pannil keema.
c) Tilgutage supilusikatäis kanasegu õrnalt keevasse puljongisse.
d) Kastme valmistamine: segage ülejäänud 1 supilusikatäis maisitärklist 2 supilusikatäit külma veega. Sega keevasse puljongisse ja keeda paar minutit, kuni see on veidi paksenenud. Lisa kuubikuteks lõigatud juust ja sega pidevalt, kuni juust sulab.
e) Kana küpsemise ajal valmista nuudlid ja hoia neid kuumas.
f) Tõsta kanapallid kastmesse tagasi.

29. Norra lihapallid viinamarjaželees

KOOSTISOSAD:
- 1 tass leivapuru; pehme
- 1 tass piima
- 2 naela jahvatatud veiseliha
- ¾ naela jahvatatud sealiha; lahja
- ½ tassi sibul; peeneks hakitud
- 2 muna; pekstud
- 2 teelusikatäit soola
- 1 tl Pipar
- ½ tl muskaatpähkel
- ½ teelusikatäit pipart
- ½ tl kardemoni
- ¼ teelusikatäit ingverit
- 2 supilusikatäit peekonitilku; või salatiõli
- 8 untsi viinamarjaželee

JUHISED:

a) Leota leivapuru üks tund piimas. Kombineeri veiseliha, sealiha ja sibul. Lisa munad, piim, riivsaia segu. Lisa sool, pipar ja maitseained.

b) Sega korralikult läbi ja vahusta kahvliga. Jahuta üks kuni kaks tundi. Vormi väikesed pallid, veereta jahus ja pruunista peekonitilkades või õlis. Raputage panni või rasket panni, et lihapallid kuumas rasvas veeretada.

c) Asetage potti koos 1 suure purgi viinamarjatarretisega ja küpseta AEGLASEL üks tund.

KÜPSISED

30.Napoleoni mütsi küpsiste segu

KOOSTISOSAD:
- 2 tassi universaalset jahu
- ¼ teelusikatäit soola
- ¾ tassi võid või margariini
- ½ tassi suhkrut
- 2 munakollast
- 1 tl vanilli
- 2 munavalget
- ¼ teelusikatäit hambakivi
- ⅓ tassi tuhksuhkrut, sõelutud
- 1 tass mandleid, jahvatatud

JUHISED:
a) Sega jahu ja sool; kõrvale panema. Vahusta võid või margariini suures segamiskausis elektrimikseri abil keskmisel kiirusel 30 sekundit. Lisa suhkur ja klopi kohevaks. Sega munakollased ja vanill, klopi korralikult läbi.
b) Lisa kuivained lahtiklopitud segule ja jätka vahustamist, kuni need on hästi segunenud.
c) Kata tainas kaanega ja pane 1 tunniks külmkappi. Mandlipastatäidise jaoks: vahusta väikeses segamiskausis munavalged ja tatarikoor, kuni moodustuvad pehmed tipud (otsad kõverduvad). Lisa vähehaaval sõelutud tuhksuhkur, vahustades kuni moodustuvad jäigad tipud (otsad seisavad sirgelt). Murra ettevaatlikult sisse jahvatatud mandlid ja tõsta kõrvale.
d) Rulli tainas kergelt jahusel pinnal ⅛" paksuseks. Lõika 3" ringideks. Asetage iga ringi keskele umbes 1 ümar teelusikatäis mandlitäidist. Pöörake kokku ja näpistage kolm külge, et moodustada kolme nurgaga müts, jättes täidise ülaosa paljaks.
e) Laota vormitud küpsised 2 tolli vahedega määrimata küpsiseplaadile.
f) Küpseta 375-kraadises ahjus 10 kuni 12 minutit. Eemalda ja jahuta restil.

31. Fattigmann (Norra jõuluküpsised)

KOOSTISOSAD:
- 10 munakollast
- 2 munavalget
- ¾ tassi suhkrut
- ¼ tassi brändit
- 1 tass rasket koort
- 5 tassi Sõelutud universaalset jahu
- 2 tl Jahvatatud kardemoni
- Pekk praadimiseks

JUHISED:
a) Vahusta munakollased, munavalged, suhkur ja brändi väga paksuks vahuks. Lisa aeglaselt hästi segades koor.
b) Sõeluge jahu ja kardemon kokku; lisage munasegule umbes ½ tassi korraga, segades pärast iga lisamist hoolikalt. Mähi tainas kokku ja jahuta üleöö.
c) Kuumuta seapekk sügavas kastrulis 365–370 kraadini.
d) Rulli tainas jahusel pinnal väikeste portsjonitena 1/16 tolli paksuseks.
e) Lõika tainas jahuse noa või kondiitriketta abil rombikujulisteks kujunditeks, 5" x 2"; tehke iga rombi keskele pikisuunaline pilu. Tõmmake ühe otsa ots läbi iga pilu ja lükake see enda alla tagasi.
f) Prae 1–2 minutit või kuni kuldpruunini, keerates üks kord.
g) Nõruta ja jahuta.
h) Puista küpsised kondiitri suhkruga. Hoida tihedalt kaetud anumates. Nautige oma Fattigmanni, mõnusat traditsioonilist Norra jõulumaiust!

32. Rootsi jõulukuubikud

KOOSTISOSAD:
- 1 tass Võid
- 2 supilusikatäit mandleid, jahvatatud
- 1 tass tuhksuhkrut
- 2 tassi Jahu
- 1 tl vanilli
- ¼ tassi tuhksuhkrut (tolmutamiseks)
- ½ teelusikatäit soola
- 2 tl kaneeli

JUHISED:
a) Vahusta või ja suhkur kokku.
b) Vahusta vanill, sool ja jahvatatud mandlid.
c) Sega vähehaaval jahu hulka.
d) Vormige tainast poolkuud, kasutades kummagi jaoks ümarat teelusikatäit.
e) Puista poolkuud tuhksuhkru ja kaneeli seguga.
f) Küpsetage määrimata küpsiselehtedel 165 °C (325 °F) eelsoojendatud ahjus 15–18 minutit või kuni servad on kergelt kuldsed.

33. Pepparkakor (Rootsi ingveri küpsised)

KOOSTISOSAD:
- ½ tassi melassi
- ½ tassi suhkrut
- ½ tassi võid
- 1 muna, hästi pekstud
- 2½ tassi sõelutud universaalset jahu
- ¼ teelusikatäit soola
- ¼ teelusikatäit Söögisoodat
- ½ tl ingverit
- ½ tl kaneeli

JUHISED:
a) Kuumuta melass väikeses potis keemistemperatuurini, seejärel keeda 1 minut.
b) Lisa suhkur ja või, sega kuni või on sulanud. Lase segul jahtuda.
c) Klopi sisse hästi lahtiklopitud muna.
d) Sõelu omavahel jahu, sool, söögisooda ja maitseained. Lisage see segu esimesele segule ja segage hoolikalt.
e) Kata kauss tihedalt kaanega ja jahuta tainas üleöö.
f) Rulli kergelt jahusel kondiitrirätikul osa tainast korraga lahti. Rulli õhukeseks.
g) Lõika tainas soovitud kujunditeks.
h) Küpseta mõõdukas ahjus (350 °F) 6 kuni 8 minutit.

34. Rootsi pöidlaküpsised

KOOSTISOSAD:

- ½ tassi võid
- 1 tass Suhkur
- 2 tl pruuni suhkrut
- 1 munakollane, peksmata
- 1½ kuubikut (Märkus: see võib puududa. Kontrollige.)
- 1⅓ tassi universaalset jahu, sõelutud
- Ammoniaagi karbonaat (kogus pole täpsustatud)

JUHISED:

a) Vahusta või, lisa järk-järgult suhkur ja kreemita kuni heledaks.
b) Lisa munakollane ja sega korralikult läbi.
c) Purusta ammoniaagikuubikud ja sõelu koos jahuga.
d) Lisa nii palju jahu, et tekiks jäik tainas. Tainas peaks pöidla sisse vajutamisel pragunema.
e) Veereta pallideks ja suru pöidlaga keskele.
f) Küpseta aeglases ahjus (250 kraadi) 30 minutit.

35. Rootsi kaerahelbeküpsised

KOOSTISOSAD:
KÜPSITAIGAS:
- ¾ tassi universaalset jahu
- ½ tl soodat
- ½ tl Teemantkristallsoola
- ½ tassi suhkrut
- ⅓ tassi suhkrut
- ¼ tassi Land O'Lake'i võid (või margariini)
- ½ tassi pruuni suhkrut
- ½ tassi lühendamist
- 1 suur lahti löömata muna
- ½ tl vanilli
- 1½ tassi valtsitud kaerahelbed
- 1 spl Hele maisisiirup
- ¼ tassi blanšeeritud mandleid, hakitud
- ¼ teelusikatäit mandli ekstrakti

MANDLI KAITSE:
- ¼ tassi suhkrut
- 1 spl Võid
- 1 spl Hele maisisiirup
- ¼ tassi blanšeeritud mandleid, hakitud
- ¼ teelusikatäit mandli ekstrakti

JUHISED:
a) Sõelu omavahel jahu, sooda ja sool. Kõrvale panema.
b) Lisa vähehaaval suhkur ja fariinsuhkur, kreemitades hästi.
c) Sega hästi vahustades hulka munad ja vanill.
d) Lisa kuivained, seejärel valtsitud kaer ja sega korralikult läbi.
e) Tõsta teelusikatäite kaupa määrimata küpsiselehtedele.
f) Küpseta 350 kraadi juures 8 minutit.
g) Eemaldage ahjust ja asetage keskele napp ½ tl mandlikatte, vajutades kergelt sisse.
h) Küpseta veel 6–8 minutit, kuni küpsised on kuldpruunid.
i) Jahuta 1 minut enne küpsiseplaadilt eemaldamist.

MANDLI KAITSE:
j) Kombineerige kastrulis suhkur, või ja hele maisisiirup; lase keema tõusta.
k) Eemaldage kuumusest.
l) Sega juurde mandlid ja mandliekstrakt.

36. Rootsi võiküpsised

KOOSTISOSAD:
- ½ tassi võid
- ¼ tassi suhkrut
- 1½ tl Peeneks hakitud sidrunikoort
- ¼ teelusikatäit vanilli
- 1 tass universaalset jahu
- 4 untsi poolmagusat šokolaadi (4 ruutu)
- 2 supilusikatäit Lühendamine

JUHISED:
a) Vahusta võid elektrimikseriga 30 sekundit.
b) Lisa suhkur, sidrunikoor ja vanill; peksid kuni kombineeritakse.
c) Klopi mikseriga sisse nii palju jahu, kui saad, kraapides aeg-ajalt kausi külgi alla.
d) Sega juurde ülejäänud jahu. Kata kaanega ja jahuta 1 tund või kuni tainast on lihtne käsitseda.
e) Rulli tainas kergelt jahusel pinnal ⅛ kuni ¼ tolli paksuseks.
f) Kasutage taigna välja lõikamiseks 2-tollist küpsisevormi. Asetage väljalõiked 1-tollise vahega määrimata küpsiseplaadile.
g) Küpseta 375-kraadises ahjus 5–7 minutit, kuni servad hakkavad pruunistuma.
h) Jahuta 1 minut küpsiseplaadil, seejärel tõsta küpsised restile jahtuma.
i) Kuumuta šokolaad ja šokolaad kastrulis madalal kuumusel aeg-ajalt segades.
j) Kasta osa igast küpsisest šokolaadisegusse.
k) Jahuta vahatatud paberil 30 minutit või kuni šokolaad tardub. Vajadusel jahuta küpsiseid, kuni šokolaad taheneb.

37. Rootsi spritzi küpsised

KOOSTISOSAD:
- 2 tassi Võid
- 1½ tassi suhkrut
- 1 muna
- 1 tl vanilli
- 4½ tassi jahu

JUHISED:
a) Vahusta või ja suhkur korralikult kokku.
b) Lisa muna ja vanill (või muud maitseained).
c) Lisa vähehaaval jahu ja sega korralikult läbi.
d) Vormi taignast väikesed pärjad küpsisepressiga tähtkettaga.
e) Küpseta 400 ° F juures 7 kuni 10 minutit. Küpsised peaksid olema tardunud, kuid mitte pruunid.
f) Nautige oma Rootsi Spritzi küpsiseid!

38. Rootsi ingveri küpsised

KOOSTISOSAD:
- 1 tass Võid
- 1½ tassi suhkrut
- 1 suur muna
- 1½ supilusikatäit riivitud apelsinikoort
- 2 supilusikatäit tumemaisi siirupit
- 1 spl Vesi
- 3¼ tassi pleegitamata universaalset jahu
- 2 tl söögisoodat
- 2 tl kaneeli
- 1 tl jahvatatud ingverit (või rohkem maitse järgi)
- ½ tl jahvatatud nelki

JUHISED:
a) Vahusta või ja suhkur heledaks vahuks.
b) Lisa muna, apelsinikoor, maisisiirup ja vesi, sega korralikult läbi.
c) Sõelu kuivained omavahel ja lisa võisegule.
d) Jahuta tainas korralikult maha.
e) Rulli väga õhukeseks, umbes ⅛-tolliseks, ja lõika küpsisevormidega.
f) Küpsetage määrimata küpsiselehtedel 175 °C (350 °F) eelsoojendatud ahjus 8–10 minutit. Ärge üle küpsetage, muidu kõrbevad küpsised.

39.Rootsi apelsini piparnapsud

KOOSTISOSAD:
- 1½ pulgakest soolamata võid
- 1 tass pruuni suhkrut
- 1 suur muna
- 2 supilusikatäit pluss 1 tl melassi
- 1 spl apelsinimahla
- 1 spl peeneks riivitud apelsinikoort
- 2¾ kuni 3 tassi jahu
- 1 tl söögisoodat
- ½ tl jahvatatud nelki
- 2 tl jahvatatud kaneeli
- 2 tl jahvatatud ingverit

JUHISED:
a) Vahusta või ja suhkur heledaks vahuks.
b) Klopi sisse 1 muna ja sega hulka melass, apelsinimahl ja koor.
c) Sõeluge kuivained kokku ja segage need märgade koostisosade hulka, et saada pehme ja sile tainas. Kui tainas on liiga kleepuv, lisage veel jahu.
d) Sõtku tainast kergelt jahusel laual kolm korda läbi.
e) Kuumuta ahi 350 kraadini F.
f) Vormige tainast 3 umbes 8 tolli pikkust palki. Mässi kilesse ja pane külmkappi vähemalt 1 tunniks või üleöö.
g) Viilutage palgid õhukesteks, vähem kui ⅛-tollisteks ringideks.
h) Aseta kergelt määritud ahjuplaadile.
i) Küpseta küpsiseid umbes 8–10 minutit.
j) Võta ahjust välja ja tõsta küpsised restile jahtuma.

40. Norra melassi küpsised

KOOSTISOSAD:
KÜPSISED:
- 2½ tassi universaalset jahu
- 2 tl Söögisoodat
- 1 tass Tugevalt pakitud helepruuni suhkrut
- ¾ tassi FLEISCHMANN'S Margariini, pehmendatud
- ¼ tassi MUNAPEKSURID 99% pärismuna
- 1 tass kondiitri suhkrut
- ¼ tassi GRER RABBIT heledat või tumedat melassi
- ¼ tassi granuleeritud suhkrut
- Vesi
- Värvilised puistad (valikuline)

KOndiitritoodete suhkruglasuur:
- 6 tl lõssi
- Kondiitri suhkur (soovitud konsistentsini)

JUHISED:
KÜPSISED:
a) Sega väikeses kausis jahu ja sooda; kõrvale panema.
b) Keskmises kausis keskmise kiirusega elektrimikseriga koor pruun suhkur ja margariin. Lisa munatoode ja melass; klopi ühtlaseks.
c) Sega hulka jahusegu. Kata ja jahuta tainas 1 tund.
d) Vormige tainast 48 (1¼") palli; veeretage granuleeritud suhkrus.
e) Asetage õliga määritud ja jahuga ülepuistatud küpsetuspaberitele, umbes 2" vahega. Piserdage tainas kergelt veega.
f) Küpseta 350 ° F juures 18-20 minutit või kuni see on tasane.
g) Eemaldage lehtedelt ja jahutage restidel.
h) Kaunista soovi korral kondiitrite suhkruglasuuri ja värviliste puistega.

KOndiitritoodete suhkruglasuur:
i) Sega kausis lõss kondiitri suhkruga, et saavutada soovitud glasuuri konsistents.

41.Rootsi mandli poolkuud

KOOSTISOSAD:
- ½ tassi (1 pulk) margariini
- ⅓ tassi suhkrut
- ½ tl mandli ekstrakti
- 1⅔ tassi universaalset jahu
- ⅔ tassi jahvatatud või väga peeneks hakitud mandleid
- ¼ tassi vett
- ⅓ tassi tuhksuhkrut või kondiitritoodete suhkrut

JUHISED:
a) Kuumuta ahi temperatuurini 375 ° F. Pihustage küpsiselehti küpsetuspritsiga või vooderdage alumiiniumfooliumiga. Kõrvale panema.
b) Kasutades keskmise kiirusega elektrimikserit, segage margariin, suhkur ja mandli ekstrakt kohevaks.
c) Lisa kooresegule jahu, pähklid ja vesi ning sega keskmisel kiirusel ühtlaseks.
d) Tõsta tainas kergelt jahuga ülepuistatud lauale, sõtku kergelt läbi ja jaga 24 portsjoniks 1 supilusikatäis.
e) Vormige iga osa umbes 4 tolli pikkuseks kitsenevate otstega rulliks. Vormi rullidest poolkuud ja aseta need ettevalmistatud küpsiselehtedele.
f) Küpseta 8–10 minutit või kuni põhjad on kergelt pruunistunud.
g) Kastke soojad poolkuud tuhksuhkrusse ja asetage restidele toatemperatuurile jahtuma.
h) Hoida õhukindlas anumas või külmutada kuni vajaduseni.

VORSTID

42. Taani maksaliha

KOOSTISOSAD:
- 4 naela peeneks jahvatatud keedetud seamaksa (keedetud)
- 1 nael peeneks jahvatatud peekonit
- 2 tassi hakitud sibulat
- 1½ tassi piima
- 1½ tassi aurutatud piima
- ½ tassi kartulijahu
- 6 lahtiklopitud muna
- 3 tl musta pipart
- 2 spl soola
- 1 tl jahvatatud nelki
- 1 tl vürtspipart

JUHISED:
a) Valmista piimast ja kartulijahust kaste ning keeda paksemaks.
b) Kombineeri kõik koostisosad.
c) Hauta soolaga maitsestatud vees umbes 20 minutit.
d) Enne kasutamist hoida külmkapis 24 tundi.
e) Tükelda vorst ja kasuta seda nagu määret.

43. Taani sealihavorst

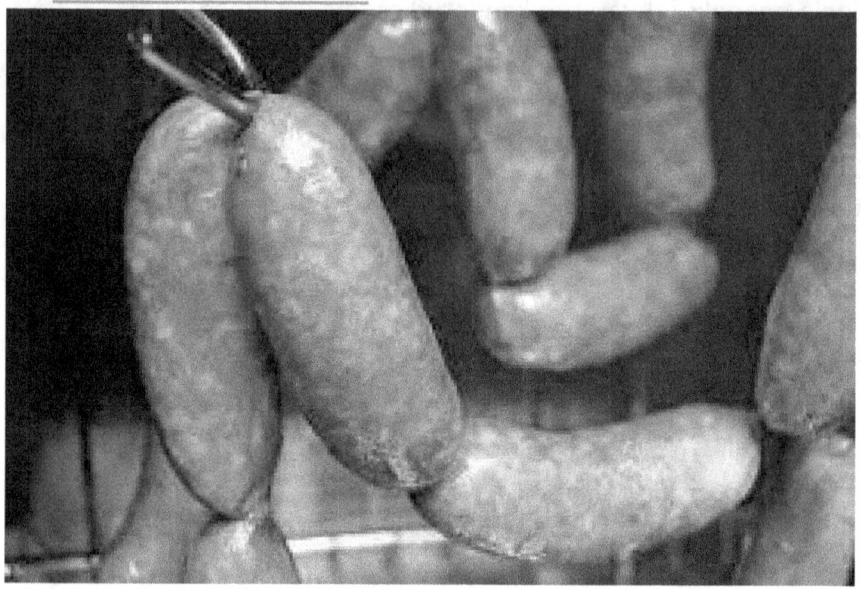

KOOSTISOSAD:
- 5 naela peeneks jahvatatud sealiha tagumik
- 5 tl soola
- ¼ teelusikatäit pipart
- 2 tl valget pipart
- ¼ teelusikatäit nelki
- 1 tl kardemoni
- 1 suur hakitud sibul
- 1 tass külma veiselihapuljongit

JUHISED:
a) Kombineeri kõik koostisosad, sega korralikult läbi ja pane seakestasse.

44. Rootsi kartulivorst

KOOSTISOSAD:
- 1 väike sibul, tükelda
- 1 supilusikatäis soola
- 1½ tl musta pipart
- 1 tl pipart
- 1 tass rasvavaba kuiva piima
- 1 tass vett
- 6 tassi kartulit, tükeldatud, tükeldatud
- 1½ naela lahja veiseliha
- 1 nael lahja sealiha
- 1 vorstikest

JUHISED:
a) Jahvatage liha, kartul ja sibul läbi ⅜-tollise jahvatusplaadi ning asetage mikserisse.
b) Lisa kõik ülejäänud koostisosad veega ja segage hästi.
c) Pärast seda protseduuri lihvige uuesti läbi ⅜" plaadi.
d) Toppige 35-38 mm seakest.

45. taani keel Oxfordi sarved

KOOSTISOSAD:
- 5 naela jämedalt jahvatatud sealiha tagumik
- 1½ supilusikatäit salvei
- 1½ tl tüümiani
- 1½ tl majoraani
- terve riivitud sidrunikoor
- 1½ tl muskaatpähklit
- 4 tl soola
- 2 tl musta pipart
- 3 muna
- 1 tass vett

JUHISED:
a) Kombineeri kõik koostisosad, sega korralikult läbi ja pane seakestasse.
b) Küpsetamiseks, praadimiseks või praadimiseks.

46. Norra vorst

KOOSTISOSAD:
- 3 naela jämedat jahvatatud veiseliha padrunit
- 2 naela jämedalt jahvatatud sealiha tagumikku
- 1½ supilusikatäit soola
- 4 keskmist sibulat, riivitud
- 1 spl musta pipart
- 2½ teelusikatäit muskaatpähklit
- 1 tass külma vett

JUHISED:
a) Kombineeri kõik koostisosad, sega korralikult läbi ja pane seakestasse.
b) Küpsetamiseks, küpsetamiseks või praadimiseks.

PÕHIROOG

47. Rootsi Janssoni Frestelse Lasanje

KOOSTISOSAD:
- 9 lasanje nuudlit
- 4 keskmise suurusega kartulit, kooritud ja õhukesteks viiludeks
- 2 sibulat, õhukeselt viilutatud
- 8 untsi anšoovisefileed, nõrutatud ja tükeldatud
- 1 tass rasket koort
- ½ tassi leivapuru
- 2 spl võid
- Sool ja pipar maitse järgi
- Kaunistuseks hakitud värsket peterselli

JUHISED:
a) Kuumuta ahi temperatuurini 375 °F (190 °C) ja määri 9x13-tolline küpsetusvorm kergelt õliga.
b) Keeda lasanjenuudlid vastavalt pakendi juhistele. Nõruta ja tõsta kõrvale.
c) Suurel pannil sulatage või keskmisel kuumusel. Lisa viilutatud sibul ja prae läbipaistvaks.
d) Laota pool viilutatud kartulitest võiga määritud ahjuvormi, seejärel pool praetud sibulast ja pool tükeldatud anšoovisefileest.
e) Korrake kihte ülejäänud kartulite, sibulate ja anšoovistega.
f) Vala kihtide peale koor, tagades selle ühtlase jaotumise.
g) Maitsesta soola ja pipraga maitse järgi.
h) Kata ahjuvorm alumiiniumfooliumiga ja küpseta 45 minutit.
i) Eemalda foolium ja puista pealt ühtlaselt riivsaia.
j) Küpseta veel 10–15 minutit või kuni leivapuru on kuldpruun ja krõbe.
k) Lase enne serveerimist paar minutit jahtuda.
l) Enne serveerimist kaunista hakitud värske peterselliga.

48. Tilliga Rootsi vasikapraad

KOOSTISOSAD:
- 1 spl võid või margariini
- 1 konditustatud, rullitud, seotud vasika aba- või koibapraad (3 naela)
- 8 untsi seened; neljandikku
- 24-36 väga väikest porgandit või 6-8 med. porgandid
- 2 spl hakitud värsket tilli või 2 tl. kuiv tilli umbrohi
- ⅛ teelusikatäis jahvatatud valget pipart
- ¼ tassi sidrunimahla
- ½ tassi kuiva valget veini
- 3 supilusikatäit maisitärklist
- ⅓ tassi vahukoort
- Sool, maitse järgi
- Keerake sidrunikoort
- Tilli oksad

JUHISED:
a) Sulata või laial mittenakkuval pannil keskmisel-kõrgel kuumusel.
b) Lisa vasikaliha ja pruunista hästi igast küljest, seejärel aseta 4-liitrisesse või suuremasse elektrilisse aeglasesse pliidiplaadisse.
c) Ümbritse vasikaliha seente ja porganditega (keskmise suurusega porgandite kasutamisel lõika kõigepealt kumbki risti pooleks, seejärel pikuti neljaks).
d) Puista peale hakitud tilli ja valget pipart. Vala peale sidrunimahl ja vein.
e) Kata kaanega ja küpseta madalal kuumusel, kuni vasikaliha on läbitorkamisel väga pehme (7½–9 tundi).
f) Tõsta vasikaliha ettevaatlikult soojale sügavale vaagnale.
g) Tõstke lusikaga porgand ja seened pliidilt ning seadke vasikaliha ümber; soojas hoida.
h) Sega väikeses kausis maisitärklis ja koor; blenderda pliidis vedelikuks.
i) Tõsta pliidi kuumus kõrgele; katke kaanega ja küpseta 2 või 3 korda segades, kuni kaste on paksenenud (veel 15-20 minutit).
j) Maitsesta soolaga.
k) Serveerimiseks eemaldage ja visake vasikaliha nöörid ära. Viiluta üle tera.
l) Vala osa kastmest lusikaga vasikaliha ja köögiviljade peale; soovi korral kaunista sidrunikoore ja tilliokstega. Serveeri ülejäänud kaste kausis või kannus maitse lisamiseks.

49. Hamburgerid sibulaga, Rootsi moodi

KOOSTISOSAD:
- 1½ naela jahvatatud veiseliha
- 3 spl Võid
- 3 kollast sibulat; viilutatud
- 1 roheline pipar; rõngastes
- Sool ja pipar
- Peterselli kartul; marineeritud kurgid (valikuline)

JUHISED:
a) Vormi veisehakklihast 4 või 5 pätsikest, käsitsedes seda nii vähe kui võimalik.
b) Sulata pannil pool võist.
c) Lisa viilutatud sibul ja prae madalal kuumusel kuldseks.
d) Lisage piprarõngad ja ½ tassi keeva vett.
e) Maitsesta soola ja pipraga, tõsta tulelt ja hoia soojas.
f) Maitsesta veiselihakotletid mõlemalt poolt.
g) Pruunista samal pannil ülejäänud võis pätsikesed, kuni need saavutavad soovitud küpsuse.
h) Tõsta iga pätsi peale sibula segu.
i) Serveeri soovi korral petersellikartuli ja marineeritud kurgiga.

50.Norra pošeeritud lõhe anšoovisevõiga

KOOSTISOSAD:
- 1½ supilusikatäit soolata võid, pehmendatud
- 1½ supilusikatäit hakitud värskeid peterselli lehti
- ¾ tl anšoovisepastat või purustatud anšoovisefilee
- 1 sibul, viilutatud
- ⅓ tassi destilleeritud valget äädikat
- ¼ tassi suhkrut
- ½ tl musta pipra tera
- 1 tl koriandri seemneid
- ½ tl sinepiseemneid
- 1 tl Sool
- Kaks 1-tollist paksust lõhepihvi (igaüks umbes 1/2 naela)

JUHISED:
a) Segage väikeses kausis hästi või, hakitud petersell, anšoovisepasta ja värskelt jahvatatud must pipar maitse järgi. Tõsta anšoovisevõi kaanega kõrvale.
b) Segage kastrulis viilutatud sibul, äädikas, suhkur, pipraterad, koriandriseemned, sinepiseemned, sool ja 4 tassi vett. Kuumuta segu keemiseni ja hauta 15 minutit.
c) Kurna segu läbi peene sõela sügavale ja raskele pannile, mis on täpselt nii suur, et lõhe ühes kihis säiliks.
d) Lisage lõhe salaküttimisvedelikule, laske keema tõusta ja hautage lõhet kaanega 8–10 minutit või seni, kuni see lihtsalt helbeks läheb.
e) Tõsta lõhepihvid lõhelise spaatliga taldrikutele, lastes salaküttimisvedelikul ära nõrguda.
f) Jaga reserveeritud anšoovisevõi lõhepihvide vahel.

51. Rootsi lihapäts

KOOSTISOSAD:

- 1 tass kreemjas seenesuppi
- 1½ naela jahvatatud veiseliha
- 1 muna; kergelt pekstud
- ½ tassi leivapuru, peen kuiv
- ¼ tl muskaatpähkel, jahvatatud
- ½ tassi hapukoort

JUHISED:

a) Segage segamisnõus põhjalikult jahvatatud veiseliha, muna, riivsai, muskaatpähkel ja ⅓ tassi kooresuppi.
b) Vormi segu tugevalt pätsikujuliseks ja aseta madalale ahjupannile.
c) Küpseta 350 kraadi juures 1 tund.
d) Kuni lihaleib küpseb, blenderda kastrulis ülejäänud kreemjas seenesupp hapukoorega.
e) Kuumuta kaste aeg-ajalt segades.
f) Serveeri kaste küpsetatud lihapätsi peale.
g) Maitse saamiseks puista peale veel muskaatpähklit.
h) Kaunista soovi korral kurgiviiludega.

52. Rootsi tilli röstitud veiseliha

KOOSTISOSAD:
- ¾ tassi punast kapsast, paberiõhukeseks viilutatud
- 1 tl vaarika- või punase veini äädikat
- Taimeõli
- Sool ja värskelt jahvatatud pipar
- 1 spl Valmis mädarõikakreem
- 2 Lefse- või jahutortillat
- 1 spl hakitud värsket tilli
- 2 suurt Bostoni salatilehte
- 3–4 untsi õhukeselt viilutatud rostbiifi

JUHISED:
a) Viska kapsas maitse järgi äädika, taimeõli, soola ja pipraga.
b) Määri mädarõikakreemiga lefse- või jahutortillad; puista peale väike kogus tilli.
c) Tõsta peale salat, rostbiif, kapsas ja ülejäänud till.
d) Rulli kokku nagu burrito.

53. Gravlax (Rootsi suhkru ja soolaga kuivatatud lõhe)

KOOSTISOSAD:
- 2 keskele lõigatud lõhefileed; umbes 1 nael, kusjuures nahk jääb peale
- ⅔ tassi suhkrut
- ⅓ tassi Jäme sool
- 15 jämedalt purustatud valget pipart
- 1 suur hunnik tilli
- 3 supilusikatäit Dijoni sinepit
- 1 spl Suhkur
- 1 spl äädikat
- Sool ja jahvatatud valge pipar, maitse järgi
- ½ tassi taimeõli
- ½ tassi hakitud värsket tilli

SINEPI-TILL-KASTE:
- 3 supilusikatäit Dijoni sinepit
- 1 spl Suhkur
- 1 spl äädikat
- Sool ja jahvatatud valge pipar, maitse järgi
- ½ tassi taimeõli
- ½ tassi hakitud värsket tilli

JUHISED:
a) Eemalda fileelt pintsettide või tangidega kõik väikesed kondid.
b) Sega kausis suhkur, sool ja pipar.
c) Kata ahjuvormi põhi ⅓ tilliga.
d) Hõõru pool suhkru-soola segust esimese filee sisse, mõlemalt poolt, ja laota nahk allapoole tilli peale.
e) Kata ⅓ tilliga.
f) Valmista samamoodi ka teine lõhefilee ja kata ülejäänud fileega, nahk üleval, ülejäänud tilliga.
g) Katke kilega, asetage lõikelaud koos raskete raskustega ja marineerige külmkapis 24 tundi.
h) Eemaldage kilepakendist ja visake kogunenud mahlad ära.
i) Pakkige uuesti ja hoidke külmkapis veel 24–48 tundi.
j) Kraabi marinaad ära ja viiluta paber õhukeseks.

Sinepi-tilli kaste:
k) Sega kausis sinep, suhkur, äädikas, sool ja pipar.
l) Vahusta aeglaselt õli, kuni segu pakseneb.
m) Sega juurde hakitud värske till.
n) Serveeri Gravlaxi paberõhukeseks viilutatud sinepi-tillikastmega ja naudi!

54. Rootsi kana salat

KOOSTISOSAD:
- 3 tassi kuubikuteks lõigatud külm, keedetud kana
- ½ tassi majoneesi
- ⅓ tassi hapukoort
- 2 kuni 3 tl karripulbrit
- Sool ja pipar maitse järgi
- Krõbedad salatilehed, pestud ja kuivatatud
- 2 kõvaks keedetud muna, kooritud ja viiludeks lõigatud
- 6 Täidisega oliivi, viilutatud
- 2 spl kapparid, nõrutatud
- 3 spl Peeneks hakitud tilli hapukurki

JUHISED:
a) Kombineeri kana majoneesi, hapukoore ja karripulbriga.
b) Maitsesta soola ja pipraga. Sega hästi.
c) Tõsta 1 tunniks või kauemaks külmkappi, et maitsed seguneksid.
d) Serveerimiseks lao salatilehed vaagnale.
e) Tõsta lusikaga kanasalat salati peale.
f) Kaunista kõvaks keedetud munade, oliivide, kapparite ja hakitud tilli hapukurgiga.

55. Norra kadakas kuivatatud lõhe

KOOSTISOSAD:
- 2 naela lõhefilee
- ½ tassi kadakamarju
- 2 supilusikatäit soola
- 4 supilusikatäit Suhkur
- ¼ tassi Dijoni stiilis sinepit
- ½ tassi tuhksuhkrut
- ½ supilusikatäit oliiviõli
- ½ supilusikatäit tilli, peeneks hakitud

SINEPIKASTE:
- Sega sinep, suhkur, õli ja till kokku.

JUHISED:
a) Peske lõhe, kuivatage ja eemaldage kõik luud.
b) Purusta kadakamarjad köögikombainis või blenderis.
c) Sega sool ja suhkur omavahel.
d) Hõõru soola ja suhkru segu lõhe mõlemale poolele. Aseta lõhe lamedaks, nahk allpool, pannile.
e) Laota lõhe ülaosale purustatud kadakamarjad. Katke fooliumiga ja asetage sellele raskused (nt mitu toidupurki või väike laud koos purgi või kahega).
f) Tõsta 48 tunniks külmkappi, keerates lõhet mitu korda. Hoidke raskust lõhe kohal.
g) Kraabi kadakamarjad ära, lõika lõhe õhukesteks viiludeks ja serveeri sinepikastmega.

Sinepikaste:
h) Sega kokku Dijoni stiilis sinep, tuhksuhkur, oliiviõli ja peeneks hakitud till.
i) Nautige oma maitsvat Norra kadakas kuivatatud lõhet!

56.Rootsi stiilis praad

KOOSTISOSAD:
- 2 naela kondita ümmargune praad
- Sool ja pipar
- 1 tl tilli umbrohtu
- 1 keskmine sibul, viilutatud
- 1 veiseliha puljongikuubik, purustatud
- ½ tassi vett
- ¼ tassi jahu
- ¼ tassi vett
- 1 tass hapukoort

JUHISED:
a) Lõika praad portsjonisuurusteks tükkideks. Puista peale soola ja pipraga. Aseta aeglaselt küpsevasse potti.
b) Lisa till, sibul, puljongikuubik ja ½ tassi vett.
c) Katke ja keetke madalal kuumusel 6–8 tundi.
d) Eemaldage liha.
e) Paksendage mahlad ¼ tassi vees lahustatud jahuga. Lülitage juhtnupp kõrgele ja küpseta 10 minutit või kuni see on veidi paksenenud.
f) Sega juurde hapukoor.
g) Lülitage kuumus välja.

57. Norra hernesupp

KOOSTISOSAD:
SUPP:
- 1 nael Kuivatatud purustatud herned
- 2 liitrit vett
- 2 suurt sibulat, peeneks hakitud
- 3 suurt porgandit, peeneks viilutatud
- 2 selleriribi, peeneks viilutatud
- 1 keskmine kartul, peeneks hakitud
- Sool, maitse järgi
- Pipar, maitse järgi

LIHAPALLID:
- 1 nael sealihavorsti
- ½ tassi nisuidud

GARNIS:
- Hakitud petersell

JUHISED:
SUPP:
a) Pane kõik koostisosad (hakitud herned, vesi, sibul, porgand, seller, kartul, sool ja pipar) supipotti ja hauta aeglaselt kaks tundi.
b) Lisa maitse järgi maitseaineid.

LIHAPALLID:
c) Vormi sealihavorstist väikesed pallikesed.
d) Veereta sealihapalle nisuidudes.
e) Aseta sealihapallid õrnalt supi sisse.
f) Hauta aeglaselt veel tund aega või kuni supp on valmis.
g) Kaunista iga kauss hakitud peterselliga.
h) Naudi oma südamlikku Norra hernesuppi!

58. Lõhe grillitud sibulaga

KOOSTISOSAD:
- 2 tassi vees leotatud lehtpuulaastu
- 1 suur tehistingimustes kasvatatud Norra lõhe (umbes 3 naela), eemaldatud nööpnõela luud
- 3 tassi suitsutatud soolvett, valmistatud viinaga
- ¾ tassi suitsutus hõõruda
- 1 spl kuivatatud tilli umbrohtu
- 1 tl sibulapulbrit
- 2 suurt punast sibulat, lõigatud tolli paksusteks ringideks
- ¾ tassi ekstra neitsioliiviõli 1 hunnik värsket tilli
- 1 sidruni peeneks riivitud koor 1 küüslauguküüs, hakitud
- Jäme sool ja jahvatatud must pipar

JUHISED:
a) Pange lõhe suurkujulisse (2-gallonisse) tõmblukuga kotti. Kui teil on ainult 1-gallonilised kotid, lõigake kala pooleks ja kasutage kahte kotti. Lisage soolvesi kotti(desse), suruge õhk välja ja sulgege. Tõsta 3–4 tunniks külmkappi.

b) Sega kõik peale 1 supilusikatäie hõõru kuivatatud tilli ja sibulapulbriga ning tõsta kõrvale. Leota sibulaviilud jäävees. Kuumuta grill kaudselt madalal kuumusel, umbes 225¡F, suitsuga. Nõruta puiduhake ja lisa need grillile.

c) Eemaldage lõhe soolveest ja kuivatage paberrätikutega. Visake soolvesi ära. Määri kala 1 spl õliga ja puista lihane pool üle kuivanud tilliga.

d) Tõsta sibulad jäävees ja patsuta kuivaks. Määrige 1 spl õliga ja piserdage ülejäänud 1 spl. Tõsta kala ja sibul 15 minutiks kõrvale.

e) Pintselda grillrest ja hõõru korralikult õliga. Aseta lõhe, lihapool all, otse tulele ja grilli 5 minutit, kuni pind on kuldpruun. Pöörake kala suure kalalabida või kahe tavalise spaatliga nahaga allapoole ja asetage grillrestile tulest eemale. Pane sibulaviilud otse tulele.

f) Sulgege grill ja küpseta, kuni lõhe on väljastpoolt kõva, kuid mitte kuiv ja keskelt elastne, umbes 25 minutit. Kui see on valmis, hakkab kala õrnalt vajutades niiskus läbi pinna. See ei tohiks rõhu all täielikult kihistada.

g) Keerake sibulaid küpsetamise ajal üks kord ümber.

KÕRJED JA SALATID

59. Norra liha salat

KOOSTISOSAD:
- 1 tass Julienne'i ribasid keedetud veise-, vasika- või lambalihast
- 1 tass Julienne'i ribasid küpsetatud või keedetud sinki
- 1 spl Hakitud sibul
- 6 supilusikatäit salatiõli
- 2 spl siidri äädikat
- ½ tl pipart
- 1 tl hakitud peterselli
- ¼ tassi rasket koort või hapukoort
- 1 kõvaks keedetud muna, viilutatud
- 1 Keedetud või marineeritud peet, viilutatud

JUHISED:
a) Sega lõigatud liha hakitud sibulaga.
b) Vahusta õli, äädikas, pipar ja petersell.
c) Sega koor kastmesse.
d) Sega kaste lihaga, sega kergelt läbi.
e) Kaunista viilutatud muna ja peediga.
f) Serveeri seda Norra lihasalatit põhiroa salatina. Nautige!

60. Taani krõbe sibul

KOOSTISOSAD:
- 4 suurt valge viljalihaga sibulat
- ½ tassi universaalset jahu, sõelumata
- 1½ tolli salatiõli

JUHISED:
a) Koori ja viiluta sibul õhukeselt. Eralda viilud rõngasteks ja pane koos jahuga suurde kotti.
b) Sulgege kott ja raputage rõngaste katmiseks.
c) Kuumuta sügavas 3-liitrises kastrulis kõrgel kuumusel salatiõli 300 kraadini.
d) Lisa umbes ⅓ sibulatest õlile ja küpseta umbes 10 minutit või kuni sibulad on kuldpruunid. Reguleerige kuumust nii, et temperatuur püsiks 275 kraadi juures.
e) Segage sibulaid sageli. Tõsta lusikaga sibulad õlist ja nõruta imavale materjalile. Eemaldage kõik osakesed, mis pruunistuvad kiiremini kui teised, et vältida nende kõrbemist.
f) Küpseta ülejäänud sibulad õlis sama protseduuri järgi.
g) Serveeri sibulaid soojalt või külmalt. Kui see on täiesti külm, hoidke seda hilisemaks kasutamiseks õhukindlalt suletuna.
h) Hoida külmkapis kuni kolm päeva või 1 kuu sügavkülmas.
i) Serveeri otse külmkapist või sügavkülmast. Kuumutamiseks laota ühe kihina madalale pannile ja pane 2–3 minutiks 350-kraadisesse ahju.

61. Taani fetajuustu hautatud tomatid

KOOSTISOSAD:
- 3 suurt tomatit, lõigatud pooleks
- Natuke pipart
- ½ tassi majoneesi
- ½ tassi Taani Feta juustu, peeneks purustatud
- 1 spl hakitud rohelist sibulat
- ⅛ tl Kuivatatud tüümiani

JUHISED:
a) Puhasta tomatid veidi ja puista peale pipraga.
b) Sega kausis kokku majonees, Taani Feta juust, hakitud roheline sibul ja kuivatatud tüümian.
c) Tõsta lusikaga Fetasegu tomatipoolikutele.
d) Prae umbes 5 minutit või kuni pealsed on kuldpruunid.

62.Norra homaar kartuli ja kooresalatiga

KOOSTISOSAD:
MAJONEES (PÕHIRETSEPT):
- 3 värsket munakollast (väikest)
- 1 spl valge veini äädikat
- 1 tl sidrunimahla
- 1 tl Kvaliteetne Dijoni peeneks jahvatatud sinepit
- Meresool ja värskelt jahvatatud must pipar
- 150 milliliitrit kvaliteetset oliiviõli (1/4 pinti)
- 290 milliliitrit Kvaliteetne salatiõli (päevalilleõli, kuid mitte sojaõli) (1/2 pinti)
- 1 näputäis tuhksuhkrut

NOSH KARTULISALAT:
- 450 grammi väikseid uusi kartuleid (1 nael)
- 6 Diagonaalis õhukeseks viilutatud kevadsibulat
- 150 milliliitrit majoneesi (1/4 pinti) (vt ülaltoodud retsepti)
- 4 spl hapukoort
- 3 spl peeneks hakitud värsket murulauku
- Meresool ja värskelt jahvatatud must pipar

HOOMAAR:
- 1 homaar (1,5–2,5 naela)
- 180 grammi meresoola (6 untsi)
- 1 gallon vett
- 1 peeneks hakitud punane tšilli (südamest puhastatud ja seemnetest eemaldatud)
- 2 küüslauguküünt, purustatud

JUHISED:
MAJONEES (PÕHIRETSEPT):
a) Sega munakollased äädikaga ja jäta 5-10 minutiks seisma, sega üks-kaks korda.
b) Vahusta munakollased soola ja sinepiga. Nirista sisse segatud õlid, segades need põhjalikult, kogu aeg kloppides, kuni pool õlist on ära kasutatud.
c) Lisa sidrunimahl ning jätka valamisega ja vispelda sisse õli.
d) Reguleerige maitsestamist. Kui majonees tundub liiga õhuke või on lõhenenud, klopi eraldi kausis lahti teine munakollane ja vala korralikult vahustades järk-järgult sisse algsegu.

NOSH KARTULISALAT:

e) Keeda kartulid soolaga maitsestatud vees pehmeks, kuid 'vahaja' keskosaga. Värskendage jäävees, nõrutage hästi ja koorige nahad. Lõika õhukesteks ringideks.
f) Lisa majoneesile ja hapukoorele viilutatud talisibul. Maitsesta soola ja värskelt jahvatatud musta pipraga.
g) Lisa viilutatud kartulid, sega õrnalt, kuid põhjalikult. Lisa murulauk ja voldi sisse. Kui segu tundub liiga kuiv, lisa veel majoneesi, kuni see on niiske.

HOOMAAR:
h) Keeda homaari suurel pannil keevas soolaga maitsestatud vees 10–15 minutit kuni 1,5 naela ja 15–20 minutit kuni 2,5 naela.
i) Homaar valmib siis, kui vesi nõrgalt keeb. Lõika homaar pooleks.
j) Eemaldage magu ja sool, puhastage ülejäänud osa ja nautige.
k) Serveerimiseks lisa majoneesile peeneks hakitud punane tšilli ja purustatud küüslauk. Asetage nukk mao eemaldamisel jäänud ruumi.

63.Rootsi küpsetatud oad

KOOSTISOSAD:
- ¾ tassi õhukeselt viilutatud sibulat
- ½ tassi kuubikuteks lõigatud porgandit
- 1 spl Hakitud küüslauk
- 1 spl Oliiviõli
- ⅓ tassi valget veini
- 3 tassi Keedetud Estheri Rootsi ube
- ⅓ tassi tumedat melassi
- 2 spl sojakastet
- 1 spl Dijoni sinepit
- sool; maitsta
- Värskelt jahvatatud must pipar; maitsta

JUHISED:
a) Kuumuta ahi 350 kraadini.
b) Prae pannil sibul, porgand ja küüslauk oliiviõlis mõõdukal kuumusel, kuni need on kergelt pruunistunud.
c) Sega ülejäänud koostisosadega ja aseta kergelt võiga määritud või õliga määritud vormi.
d) Küpseta kaaneta 35–40 minutit.

64. Norra küpsetatud õunad

KOOSTISOSAD:
- 2 suurt punast küpsetusõuna
- 4 untsi Gjetost juustu, 1 tass tükeldatud
- ⅓ tassi hakitud pekanipähklit
- ¼ tassi rosinaid
- 2 supilusikatäit pruuni suhkrut
- ½ tl kaneeli
- ⅛ teelusikatäis muskaatpähklit

JUHISED:
a) Lõika suured punased küpsetusõunad pooleks ja eemalda südamik, et moodustada õunapoolikud.
b) Segage 8-tollises mikrolaineahjus kasutatavas nõus hakitud Gjetost juust, hakitud pekanipähklid, rosinad, pruun suhkur, kaneel ja muskaatpähkel.
c) Tõsta lusikaga võrdsed portsjonid segu igasse õunapoolikusse ja peale.
d) Küpsetage mikrolaineahjus kõrgel temperatuuril 5–6 minutit, pöörates tassi 3 minuti pärast (või kasutage pöördlauda).
e) Katke kilega ja laske 3 minutit seista.

65. Taani kapsa rullid

KOOSTISOSAD:
- 1 keskmine roheline kapsas
- ½ teelusikatäit soola
- 2 spl margariini
- ½ tassi hakitud sibulat
- ¾ tassi kuubikuteks lõigatud sellerit
- 1 Porgand, jämedalt hakitud
- 1 nael lahja veisehakkliha
- ½ naela viilutatud Havarti juustu
- ¾ tassi õlut
- ½ tassi tšillikastet
- ½ tassi hakitud Havarti

JUHISED:
a) Loputage kapsas külmas vees ja eemaldage välimised lehed.
b) Pange kapsas 2 tassi keeva veega suurde veekeetjasse. Katke tihedalt. Kuumuta keemiseni ja alanda kuumust. Küpseta umbes 3 minutit.
c) Alustage lehtede koorimist ja asetage need suurele ahjuplaadile. Lõika terava noaga ära rasked ribid, et täidetud kapsalehti oleks kerge rullida.
d) Aseta 8 suurt lehte ja aseta peale väiksemad lehed.
e) Suurel pannil sulatage margariin. Lisa sibul, seller ja porgand.
f) Lisa veiseliha ja pruunista. Küpseta kaaneta umbes 5 minutit.
g) Aseta igale kapsalehele viil Havarti juustu. Täida igaüks umbes ½ tassi lihaseguga.
h) Voldi kaks külge täidise peale ja rulli. Asetage kapsarullid küpsetusnõusse (8½ x 12 tolli) õmblusega pool allapoole.
i) Vala sisse õlu. Kata roog tihedalt fooliumiga.
j) Küpseta 350 kraadi juures 30 minutit.
k) Eemalda foolium ja lusikaga kapsa peale õlut.
l) Lusika peale riivitud juustuga segatud tšillikaste.
m) Tõsta tagasi ahju ja küpseta kaaneta veel 5 minutit.
n) Nautige oma Taani kapsarulle!

66. Rootsi Cole-Slaw apteegitilliga

KOOSTISOSAD:
- 1 terve apteegitilli
- 1 porgand
- 1 küüslauguküüs
- 2 spl kuivatatud jõhvikaid
- 2 spl punase veini äädikat
- 2 supilusikatäit mett
- 2 supilusikatäit taimeõli
- Sool ja pipar maitse järgi

JUHISED:
a) Viiluta fenkol peeneks.
b) Riivi porgandid.
c) Riivi küüslauguküünt.
d) Sega keskmises segamiskausis apteegitill, porgand, jõhvikad ja küüslauk.
e) Eraldi kausis valmista kaste, segades kokku punase veini äädika, mesi, taimeõli, soola ja pipra.
f) Lisa kaste näksisegule maitse järgi sättides.
g) Laske sellel seista vähemalt 4 tundi, et maitsed sulaksid ja apteegitill marineeriks.

67. Rootsi Rutabagas

KOOSTISOSAD:
- 2 keskmist rutabaga, kooritud, neljandikuks lõigatud ja 1/4 tolli paksusteks viiludeks
- 2 spl pruuni suhkrut
- ½ tl Jahvatatud ingverit
- ½ teelusikatäit soola
- ⅛ teelusikatäis pipart
- 2 spl Võid

JUHISED:
a) Keeda rutabagasid keevas soolaga maitsestatud vees; äravool.
b) Sega kausis pruun suhkur, ingver, sool ja pipar. Sega korralikult läbi.
c) Lisa rutabagadele suhkur ja vürtsisegu koos võiga.
d) Segage õrnalt madalal kuumusel, kuni suhkur sulab, umbes 2–3 minutit.

68. Taani kurgi salat

KOOSTISOSAD:
- 3 suurt kurki, kooritud
- soola
- ⅔ tassi valget äädikat
- ½ tassi vett
- ½ tassi suhkrut
- ½ teelusikatäit soola
- ¼ teelusikatäit valget pipart
- 2 spl Värsket tillilehte, hakitud või
- 1 spl Kuivatatud tilli
- Punased/kollased kirsstomatid (kaunistuseks)

JUHISED:
a) Lõika kurgid väga õhukeseks. Asetage need kihtidena mittealumiiniumist kaussi, piserdades iga kihti soolaga.
b) Pane taldrik kurkide peale ja raske raskus nõude peale. Lase neil mitu tundi või üleöö toatemperatuuril külmikus seista.
c) Nõruta kurgid põhjalikult. Patsuta paberrätikutel kuivaks. Tagasi kaussi.
d) Kuumuta väikeses pannil äädikas, vesi, suhkur, sool ja pipar keemiseni.
e) Alanda kuumust ja hauta 3 minutit segades, kuni suhkur on lahustunud.
f) Vala kuum segu kurkidele.
g) Puista peale hakitud till. Jahuta 3 kuni 4 tundi.
h) Nõruta kurgid ja serveeri klaaskausis, ümbritsetuna kirsstomatitega.

69. Norra peterselli kartul

KOOSTISOSAD:
- 2 naela Väikesed punased uued kartulid
- ½ tassi võid või margariini
- ¼ tassi värsket peterselli, hakitud
- ¼ tl Kuivatatud majoraani

JUHISED:
a) Keeda kartuleid soolaga maitsestatud keevas vees 15 minutit või kuni need on pehmed.
b) Jahuta kartulid veidi. Eemaldage terava noaga iga kartuli keskelt üks kitsas nahariba.
c) Sulata suurel pannil või. Lisa petersell ja majoraan.
d) Lisage kartulid ja segage õrnalt, kuni see on kaetud ja kuumenenud.

PUUVILJASUPID

70. Taani õunasupp

KOOSTISOSAD:

- 2 suurt õuna, südamikust puhastatud, kooritud
- 2 tassi vett
- 1 kaneelipulk
- 3 tervet nelki
- ⅛ teelusikatäis soola
- ½ tassi suhkrut
- 1 supilusikatäis maisitärklist
- 1 tass värskeid ploome, koorimata ja viilutatud
- 1 tass värskeid virsikuid, kooritud ja tükeldatud
- ¼ tassi portveini

JUHISED:
a) Sega keskmises-suures kastrulis õunad, vesi, kaneelipulk, nelk ja sool.
b) Blenderda suhkur ja maisitärklis ning lisa püreestatud õunasegule.
c) Lisa ploomid ja virsikud ning hauta, kuni need puuviljad on pehmed ja segu veidi paksenenud.
d) Lisa portvein.
e) Üksikute portsjonite tipuks on kerge hapukoor või rasvavaba vaniljejogurt.

71. Norra mustikasupp

KOOSTISOSAD:
- 1 ümbrik maitsestamata želatiin
- ¼ tassi külma vett
- 4 tassi värsket apelsinimahla
- 3 supilusikatäit värsket sidrunimahla
- ¼ tassi suhkrut
- 2 tassi Värskeid mustikaid, pestud
- Värske piparmünt, kaunistuseks

JUHISED:
a) Pehmenda želatiin külmas vees vanillikaste potis. Asetage kuuma (mitte keeva) vee pannile, kuni see on sulanud ja valmis kasutamiseks.
b) Sega apelsinimahl, sidrunimahl ja suhkur sulatatud želatiiniga. Sega, kuni suhkur ja želatiin on lahustunud.
c) Jahuta, kuni segu hakkab paksenema.
d) Murra segusse mustikad.
e) Jahuta kuni serveerimiseks valmis.
f) Tõsta lusikaga jahutatud puljongitopsidesse ja kaunista värske piparmündiga.
g) Naudi oma värskendavat Norra mustikasuppi!

72.Taani õunasupp puuvilja ja veiniga

KOOSTISOSAD:
- 2 suurt õuna, südamikust puhastatud, kooritud ja suurteks kuubikuteks lõigatud
- 2 tassi vett
- 1 kaneelipulk (2 tolli)
- 3 tervet nelki
- 1/8 teelusikatäit soola
- ½ tassi suhkrut
- 1 supilusikatäis maisitärklist
- 1 tass värskeid ploome, koorimata ja viilutatud kaheksandikku
- 1 tass värskeid virsikuid, kooritud ja suurteks kuubikuteks lõigatud
- ¼ tassi portveini

JUHISED:
a) Sega keskmises-suures kastrulis õunad, vesi, kaneelipulk, nelk ja sool.
b) Kata ja küpseta keskmisel kuumusel, kuni õunad on pehmed.
c) Eemalda terved maitseained ja püreesta, surudes kuum segu läbi jämeda sõela.
d) Blenderda suhkur ja maisitärklis ning lisa püreestatud õunasegule.
e) Lisa ploomid ja virsikud ning hauta, kuni need puuviljad on pehmed ja segu veidi paksenenud. See võtab väga vähe aega.
f) Lisa portvein ja maitse magusust, vajadusel lisa veel suhkrut. Pidage meeles, et selle õunasupi maitse peaks olema hapukas.
g) Jahuta korralikult.
h) Üksikute portsjonite tipuks on kerge hapukoor või rasvavaba vaniljejogurt.
i) Puista koor või jogurt kergelt üle vähese muskaatpähkliga.

73. Taani magus supp

KOOSTISOSAD:
- 1 liitrit punast puuviljamahla
- ½ tassi rosinaid, kuldsed
- ½ tassi sõstraid
- ½ tassi ploomid; või ploomid, kividest eemaldatud ja tükeldatud
- ½ tassi suhkrut
- 3 supilusikatäit tapiokk, minut
- 2 viilu sidrunit
- Väike kaneelipulk

JUHISED:
a) Sega puuviljamahl, rosinad, sõstrad, ploomid ja suhkur.
b) Hauta paar minutit ning lisa siis paar sidruniviilu ja väike kaneelipulk.
c) Lisa tapiokk.
d) Jätkake küpsetamist, kuni tapiokk on selgeks küpsenud, segades, et tapiokk ei kleepuks.
e) Tõsta lusikaga roogadesse ja serveeri koore või Cool Whipiga.

74. Norra puuviljasupp (Sotsuppe)

KOOSTISOSAD:
- 1 tass kivideta kuivatatud ploome
- ¾ tassi rosinaid
- ¾ tassi kuivatatud aprikoose
- Külm vesi
- ¼ tassi Kiiresti valmiv tapiokk, kuumtöötlemata
- 2 tassi vett
- 2 spl sidrunimahla
- 1 tass viinamarjamahla
- 1 tl äädikat
- ½ tassi suhkrut
- 1 kaneelipulk

JUHISED:

a) Kombineerige ploomid, rosinad ja aprikoosid 3-liitrises kastrulis. Lisage nii palju vett, et see kataks, umbes 3 tassi. Kuumuta keemiseni ja keeda tasasel tulel 30 minutit.

b) Lase väikeses kastrulis 2 tassi vett keema. Sega juurde tapiokk ja hauta 10 minutit.

c) Kui puuviljad on pehmenenud, lisage keedetud tapiokk, sidrunimahl, viinamarjamahl, äädikas, suhkur ja kaneelipulk. Kuumuta keemiseni, seejärel hauta veel 15 minutit. Eemalda kaneelipulk. Segu pakseneb jahtudes; lisa veel veidi vett või viinamarjamahla, kui see tundub liiga paks.

d) Serveeri kuumalt või külmalt. Kui serveerida külmalt, võib selle kaunistada vahukoorega.

MAGUSTOIT

75. Rootsi puuvili likööris

KOOSTISOSAD:
- 1 pint Mustikad, kooritud
- 1 pint Vaarikad, kooritud
- 1 pint Maasikad, kooritud
- 1 pint punane sõstar
- 1 tass granuleeritud suhkrut
- ⅔ tassi Brändi
- ⅔ tassi Kerge rumm
- Kaunistuseks vahukoor

JUHISED:
a) Asetage marjad ja punased sõstrad klaasnõusse.
b) Lisa aeg-ajalt segades suhkur, brändi ja rumm.
c) Hauta üleöö külmkapis.

76.Rootsi šokolaadi magustoit konungens tarts

KOOSTISOSAD:
- 2¼ tassi Pillsbury parim universaalne jahu
- ½ tassi Suhkur
- ⅓ tassi Kakao
- ½ teelusikatäit Kahetoimeline küpsetuspulber
- ½ teelusikatäit soola
- ¾ tassi Või
- 1 muna; kergelt pekstud
- 1 supilusikatäis Piim - Täidis
- 1 Muna
- ¼ tassi Suhkur
- ¼ tassi Pillsbury parim universaalne jahu
- 1 tass Piim
- 1 teelusikatäis Prantsuse vanilje
- ½ tassi Vahukoor -šokolaaditäidiseks---
- 3 supilusikatäit Kakao
- 3 supilusikatäit Suhkur-šokolaadiglasuur---
- 2 supilusikatäit Või; sulanud
- 2 supilusikatäit Kakao
- ½ tassi Kondiitrite suhkur
- 1 Munakollane
- ¼ teelusikatäit Prantsuse vanilje

JUHISED:
a) KÜPSETA 375 kraadi juures 12-15 minutit.
b) Sõelu omavahel jahu, suhkur, kakao, küpsetuspulber ja sool.
c) Lõika võis, kuni osakesed on väikeste herneste suurused.
d) Lisa 1 kergelt lahtiklopitud muna ja 1 kuni sl piima; blenderda kahvli või taignasegistiga.
e) Aseta suurele määrimata ahjuplaadile.
f) Rulli jahuga puistatud taignarulliga küpsetusplaadil 15 x 11-tolliseks ristkülikuks.
g) Lõika servad noa või kondiitrikettaga. Lõika kolmeks 11 x 5-tolliseks ristkülikuks.
h) Küpseta mõõdukas ahjus, 375 kraadi, 12 kuni 15 minutit.
i) Jahuta ahjuplaadil. Vabastage ettevaatlikult spaatliga.
j) Asetage kihid alumiiniumfooliumiga kaetud kartongi peale, jaotades kihtide vahele täidist ¼ tolli täpsusega servast.

k) Härmapealne. soovi korral kaunista röstitud viilutatud mandlitega. Jahuta, kuni pakas on tahenenud.
l) Mähi lõdvalt alumiiniumfooliumisse; jahuta üleöö.

TÄITMINE:
m) Vahusta 1 muna heledaks ja kohevaks vahuks.
n) Lisa vähehaaval suhkur, pidevalt vahustades paksuks ja heledaks massiks. Sega hulka jahu.
o) Lisa vähehaaval topeltkatla peale kõrvetatud piim.
p) Vala segu tagasi topeltkatlasse. Keeda pidevalt segades keeva vee kohal paksuks ja ühtlaseks. Lisa vanilje; lahe.
q) Vahusta ½ tassi vahukoort paksuks ja sega täidisesse.
r) Sega ½ tassi vahukoort, kakao ja suhkur. Vahusta paksuks.

ŠOKOLAADI KRISTUS:
s) Sega sulatatud või, kakao, kondiitri suhkur, munakollane ja vanill. Vahusta ühtlaseks.

77.Taani sinihallitusjuustu pirukas

KOOSTISOSAD:
KOORIK
- 11 untsi Pumpernickeli leiba (1 päts)
- ½ tassi võid (ilma margariinita)

JUUSTUPIRK:
- 2 ümbrikut Maitsestamata želatiin
- ½ tassi külma vett
- 4 untsi toorjuustu
- ¼ tassi granuleeritud suhkrut
- 4 untsi Taani sinihallitusjuustu
- 1 tass rasket koort
- 1 nael seemneteta rohelisi viinamarju

JUHISED:
KOORIK
a) Kuumuta ahi 250 kraadini F.
b) Kuivatage leivaviile ahjus, kuni need on piisavalt kõvad, et kergesti mureneda (umbes 20–25 minutit).
c) Sulata või.
d) Purusta leib, tehes umbes 1½ tassi puru.
e) Lisa sulatatud või ja suhkur, sega korralikult läbi.
f) Suru puru 9-tollisse pirukavormi.
g) Tõstke ahju temperatuur 350 kraadini F. ja küpsetage koorikut 15 minutit.
h) Enne täitmist lase jahtuda.

JUUSTUPIRK:
i) Sega keskmise suurusega potis želatiin veega ja kuumuta keskmisel-kõrgel kuumusel pidevalt segades, kuni segu on selge (umbes 6–8 minutit). Lahe.
j) Vahusta toorjuust suures segamiskausis heledaks ja ühtlaseks.
k) Püreesta sinihallitusjuust hästi ja kombineeri toorjuustuga.
l) Vala jahtunud želatiinisegu juustuga kaussi ja sega korralikult läbi.
m) Vahusta koor tugevaks vahuks ja sega juustusegu hulka.
n) Vala täidis ettevaatlikult ettevalmistatud koorikusse.
o) Suru viinamarjad püsti, jättes pealt paistma.
p) Jahuta pirukas mitu tundi või kuni taheneb.

78. Norra mandlipuding

KOOSTISOSAD:
- ¼ tassi maisitärklist
- 1 tass piima
- 2 muna, eraldatud
- 1 tass rasket koort
- ½ tassi suhkrut
- ¼ tassi peeneks jahvatatud mandleid
- 1 spl rummi

JUHISED:
a) Vahusta munavalged tugevaks vahuks; kõrvale panema.
b) Sega maisitärklis ¼ tassi piimaga ühtlaseks pastaks. Klopi sisse munakollased.
c) Sega kastrulis ülejäänud piim, koor, suhkur ja peeneks jahvatatud mandlid. Kuumuta keemiseni.
d) Alanda kuumust ja sega hulka maisitärklisesegu. Keeda tasasel tulel pidevalt segades 5 minutit.
e) Tõsta tulelt ja sega hulka rumm.
f) Klopi sisse kõvaks vahustatud munavalged.
g) Vala segu serveerimisnõusse ja jahuta.
h) Serveeri sooja puuviljakastmega.
i) Nautige oma veetlevat Norra mandlipudingut!

79. Rootsi käsnkook

KOOSTISOSAD:
- 4 muna; eraldatud
- ½ teelusikatäit soola
- 4 spl külma vett
- 1 tass koogijahu; või 3/4 c universaalset jahu pluss 1/4 c maisitärklist
- 1 tl sidruniekstrakti
- 1 tass suhkrut; sõelutud

JUHISED:
a) Vahusta munakollased külma veega paksuks ja kahvatukollaseks.
b) Lisa munakollasesegule sidruniekstrakt.
c) Lisa munakollastele vähehaaval sõelutud suhkur ja sool ning klopi korralikult läbi.
d) Sõeluge koogijahu 4 korda ja segage munakollase seguga.
e) Vahusta 4 munavalget, kuni moodustuvad piigid, KUID MITTE KUIVAD. Sega ettevaatlikult munakollasesegu hulka.
f) Valage toruvormi või suurde 9x13-tollisse lamedasse vormi, määrides AINULT põhja.
g) Küpseta 325-kraadises ahjus 45 minutit.
h) Pöörake toruvormi, kuni kook on jahtunud.

80. Vegan Rootsi kaneelirullid (Kanelbullar)

KOOSTISOSAD:
TAIGAS
- 1 tass magustamata mandlipiima, veidi soe (100–110 °F)
- ¼ tassi veganvõid, sulatatud
- 2 spl orgaanilist suhkrut
- 1 tl kiirkuivpärmi ½ tl koššersoola
- 2¾ tassi universaalset jahu, jagatud

TÄITMINE
- 6 spl veganvõid, toasoe
- 6 spl orgaanilist tumepruuni suhkrut
- 1 spl jahvatatud kaneeli

MUNAPESU
- 2 spl magustamata mandlipiima
- 1 tl agaavinektarit

GLASE
- 2 spl magustamata mandlipiima ½ tassi tuhksuhkrut
- ¼tl vaniljeekstrakti Rootsi pärlsuhkrut, puistamiseks

JUHISED:

a) suures segamiskausis taigna koostisainetest mandlipiim, sulatatud või ja suhkur .

b) Puista pärm piimasegusse ja lase 5 minutit õitseda.

c) Lisage piima ja pärmi segule koššersool ja 2¼ tassi jahu, seejärel segage, kuni see on hästi segunenud.

d) Kata kauss rätiku või kilega ja pane 1 tunniks sooja kohta kerkima või kuni see kahekordistub.

e) Avage ja sõtke kerkinud taignasse ½ tassi universaalset jahu. Jätkake sõtkumist, kuni see lihtsalt kaotab oma kleepuvuse. Võimalik, et peate lisama täiendavat jahu.

f) Rulli tainas suureks, umbes ½ tolli paksuseks ristkülikuks. Kinnitage nurgad, et need oleksid teravad ja ühtlased.

g) Määri taignale täidise koostisainetest pehmendatud veganvõi ning puista ühtlaselt üle pruuni suhkru ja kaneeliga.

h) Rulli tainas kokku, moodustades palgi ja näpi õmblus kinni. Asetage õmblus pool alla. Lõika ära kõik ebatasasused mõlemast otsast.

i) Lõika palk pooleks, seejärel jagage kumbki pool kaheksaks ühtlase suurusega tükiks, millest igaüks on umbes 1,5 tolli paksune.

j) Vooderda toidualus küpsetuspaberiga, seejärel aseta alusele kaneelirullid.
k) Kata kilega ja aseta 30 minutiks sooja kohta kerkima.
l) Valige Air Fryer Toaster Oven funktsioon Eelsoojendus, reguleerige temperatuur 375 °F-ni ja vajutage nuppu Start/Pause.
m) Klopi munapesu ained kokku ja pintselda pesuaine kergelt kaneelirullide ülaosadele.
n) Sisestage toidualus koos kaneelirullidega eelkuumutatud ahju keskmises asendis.
o) Valige funktsioon Küpsetamine, seadke aeg 18 minutiks ja vajutage nuppu Start/Pause.
p) Eemaldage, kui olete valmis.
q) Vahusta glasuuri koostisainetest mandlipiim, tuhksuhkur ja vaniljeekstrakt glasuuri valmistamiseks, pintselda sellega kõik kaneelirullid, seejärel puista rullidele Rootsi pärlsuhkrut.
r) Enne serveerimist jahuta või söö soojalt.

81.Rootsi pahvikohvi kook

KOOSTISOSAD:
- 1 tass universaalset jahu
- 1/2 tassi külma võid, kuubikuteks
- 2 supilusikatäit jäävett

TOPPING:
- 1 tass vett
- 1/2 tassi võid
- 1 tl mandli ekstrakti
- 1 tass universaalset jahu
- 3 suurt muna

GLASE:
- 1 tass kondiitri suhkrut
- 2 spl võid, pehmendatud
- 1 spl 2% piima
- 1 tl mandli ekstrakti
- 1 tass magustatud hakitud kookospähklit

JUHISED:
a) Kuumuta ahi 375°-ni.
b) Väikeses kausis pane jahu; tükelda võis kuni murenemiseni. Lisage aeglaselt jäävett, viskades kahvliga, kuni tainas jääb vajutamisel kokku. Suru tainas 10-tolliseks. ring määrimata ahjuplaadile.
c) Katmine: Kuumuta suures potis veeremiskeedul või ja vesi. Eemaldage kuumusest; segada sisse ekstrakt. Kõik korraga, lisage jahu; klopi segamini. Küpseta keskmisel kuumusel, kuni segu moodustab palli ja tõmbub tugevalt segades panni külgedelt eemale. Eemaldage kuumusest; lase seista 5 minutit.
d) Ükshaaval lisage munad; peksa iga järel hästi ühtlaseks. Vahusta läikivaks ja siledaks; saia peale määrida.
e) Küpseta kergelt pruuniks 30-35 minutit; Viimase 5 minuti jooksul katke vajadusel lõdvalt fooliumiga, et vältida ülepruunemist. Tõsta pannilt restile; lase täielikult jahtuda.
f) Glasuur: Vahusta ekstrakt, piim, või ja kondiitri suhkur väikeses kausis ühtlaseks. Laotage peal; puista kookospähkli abil.

82. Rootsi juustukreem

KOOSTISOSAD:
- 2 tassi piima
- 2 muna, hästi pekstud
- Sool, maitse järgi
- Natuke paprikat
- 1 tass Juustu, riivitud

JUHISED:
a) Sega omavahel piim ja hästi lahtiklopitud munad.
b) Lisa sool, paprika ja riivjuust. Sega korralikult läbi.
c) Vala segu korralikult õlitatud vormi.
d) Kata paberiga ja aseta kuuma veega pannile.
e) Küpsetage 350 ° F ahjus, kuni see on hangunud.
f) Jahuta, vormi lahti ja serveeri salati peal koos soovitud kastmega.

83. Rootsi kreem marjadega

KOOSTISOSAD:
- 1 ümbrik maitsestamata želatiin
- ¼ tassi külma vett
- 2⅓ tassi vahukoort
- 1 karp Külmutatud maasikaid või 2 karpi (väikest) värskeid maasikaid
- 1 tass Suhkur
- 1 pint Hapukoort
- 1 tl vaniljeekstrakti

JUHISED:
a) Lahusta želatiin vees, lase 5 minutit seista, et see pehmeneks.
b) Asetage koor kastrulisse; lisa suhkur ja želatiin. Kuumuta õrnalt segades kuni kreemja konsistentsini.
c) Eemaldage kuumusest ja jahutage kuni paksenemiseni. Paksenemise kiirendamiseks asetage 30–60 minutiks külmkappi.
d) Kui see on osaliselt paksenenud, sega juurde hapukoor ja vanill.
e) Vala šerbetiklaasidesse, jättes ruumi marjadele. Jahuta 8 tundi.
f) Tõsta külmkapist välja, lusikaga rootsi kreemi peale marju. Marjadest saadav mahl lisab maitset.

84. Taani koonused

KOOSTISOSAD:
- ½ tassi võid
- ½ tassi suhkrut
- 5 munavalget
- 1 tass jahu

JUHISED:
a) Vahusta või, seejärel lisa suhkur ja sega korralikult läbi.
b) Lisa sõelutud jahu ja sega hulka kõvaks vahustatud munavalged.
c) Laota tainas võiga määritud koogivormi ja küpseta mõõdukas ahjus väga helepruuniks.
d) Lõika veel soojas ruutudeks ja vormi Krammerhus või koonused.
e) Vahetult enne serveerimist täitke vahukoorega, mis on veidi magustatud ja maitsestatud.

85. Norra jõulupuding

KOOSTISOSAD:
- 1 nael võid
- 2 tassi vett
- 6 spl Jahu
- 1¼ tassi jahu
- 6 tassi piima
- ½ teelusikatäit soola
- 1 lahtiklopitud muna
- 2 teelusikatäit Suhkur
- Kaneel

JUHISED:
a) Sulata või ja vesi koos, keeda 5 minutit.
b) Lisa 6 spl jahu ja sega vispliga läbi. Laske sellel mõni minut seista ja eemaldage sealt väljuv rasv (seda kasutatakse hiljem).
c) Lisage 1¼ tassi jahu ja segage uuesti.
d) Lisa kuumutatud piim. Tükkide tekke vältimiseks kasutage elektrilist mikserit. Klopimise ajal lisa sool, lahtiklopitud muna ja suhkur.
e) Pane segu soojana hoidvasse potti, valades kooritud rasv pudingule. Lisa maitse järgi suhkrut ja kaneeli.
f) Nautige oma Norra jõulupudingit!

86. Rootsi pohl Pavlova

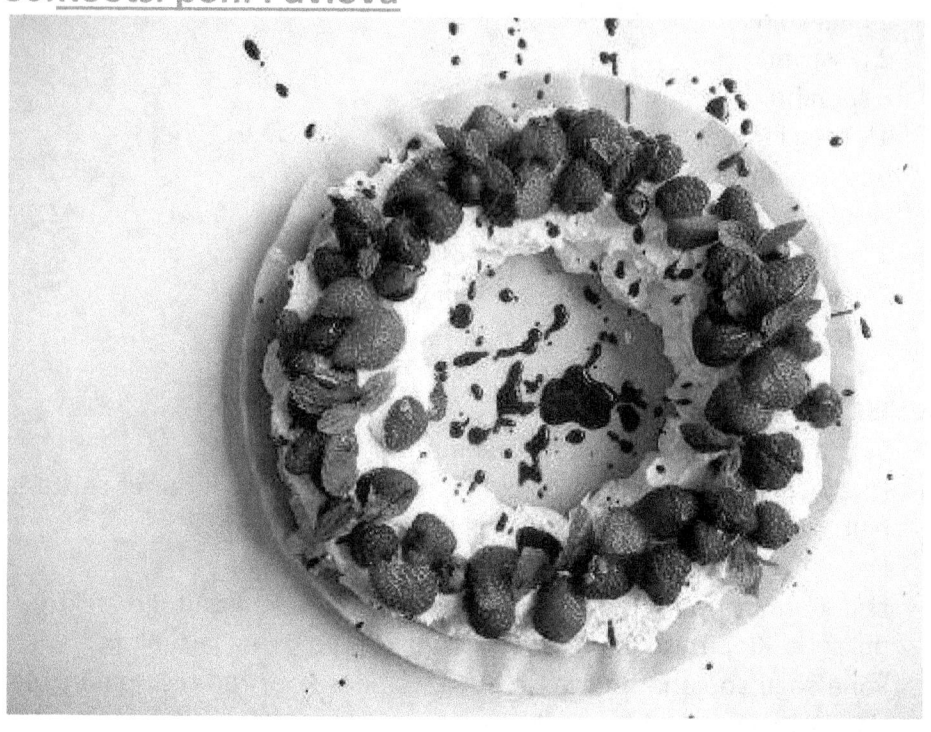

KOOSTISOSAD:
- 6 munavalget
- 1 1/2 tassi granuleeritud suhkrut
- 1 spl maisitärklist
- 1 tl valget äädikat
- 1 tass vahukoort
- 1/2 tassi pohlamoosi
- Kaunistuseks värsked pohlad

JUHISED:
a) Kuumuta ahi temperatuurini 300 °F (150 °C). Vooderda ahjuplaat küpsetuspaberiga.
b) Vahusta suures segamiskausis munavalged, kuni moodustuvad pehmed piigid.
c) Lisa vähehaaval suhkur, üks supilusikatäis, jätkates samal ajal munavalgete vahustamist, kuni moodustuvad tugevad piigid.
d) Sega õrnalt sisse maisitärklis ja valge äädikas.
e) Tõsta beseesegu lusikaga ettevalmistatud ahjuplaadile, vormides sellest ümmargune, veidi kõrgendatud servadega pavlova põhi.

Küpseta 1 tund või kuni pavlova on väljast krõbe ja seest kergelt pehme.
Lülita ahi välja ja lase pavloval ahju sees täielikult jahtuda.
Kui pavlova on jahtunud, tõsta see ettevaatlikult serveerimistaldrikule.
Täida keskosa vahukoorega ja kõige peale pohlamoos.
Kaunista värskete pohladega ja serveeri.

87.Rootsi šokolaadikook

KOOSTISOSAD:
- 1 tass Lühendamist
- 1½ tassi suhkrut
- 3 muna
- 2 untsi Küpsetusšokolaad (magustamata), sulatatud
- 2 tassi koogijahu
- 2 tl Küpsetuspulbrit
- 1 tl Sool
- ¼ teelusikatäit Söögisoodat
- 1 tass koort, raske
- 2 tl vaniljeekstrakti

JUHISED:
a) Kuumuta ahi 325 kraadini F. Määri Bundti pann võiga ja puista peale umbes 2 supilusikatäit kuiva leivapuru, tagades, et see on hästi kaetud.
b) Vahusta suures kausis suhkur ja hapukoor.
c) Sega ükshaaval sisse munad, pärast iga lisamist korralikult vahustades.
d) Sega juurde sulatatud šokolaad.
e) Sõelu kokku koogijahu, küpsetuspulber, sool ja sooda.
f) Sega omavahel raske koor ja vaniljeekstrakt.
g) Lisa šokolaadisegule vaheldumisi kooresegu ja sõelutud kuivained, alustades ja lõpetades kuivainetega.
h) Valage tainas ettevalmistatud pannile.
i) Küpseta 50–60 minutit või kuni keskele torgatud hambaork tuleb puhtana välja.
j) Jahuta kooki enne väljavõtmist paar minutit pannil.

88. Norra kohvikook "Kringlas"

KOOSTISOSAD:
- ½ tassi margariini
- 1 tass Suhkur
- 1 tl vanilli
- 1 muna
- 1 tass petipiima
- 1 tl Söögisoodat
- 3 tassi Jahu
- 2½ teelusikatäit küpsetuspulbrit
- 1 tl Sool

JUHISED:

a) Sega vanilje ja muna, kuni see on hästi segunenud. Lisage petipiim ja sooda (või 7up) ning sõeluge kuivained sellesse segusse.

b) Lisa ülejäänud koostisosad, sega korralikult läbi. Asetage anum külmkappi ja jahutage üleöö.

c) Võtke jahtunud tainas välja ja rullige väikesed tükid pikkadeks ribadeks. Vormi need kaheksakujuliseks (nagu kringel). Pange need umbes tunniks külmkappi tagasi, laske neil soovitud kõrgusele kerkida.

d) Kuumuta ahi 450 kraadi Fahrenheiti järgi. Küpseta kringlasi eelkuumutatud ahjus umbes 6–8 minutit. Hoidke neil silma peal, sest küpsetusajad võivad olenevalt ilmastikutingimustest erineda. Enne ahjust väljavõtmist peaksid need olema helepruunid.

e) Külmutamine on "Kringla" valmistamise võtmeetapp. Kuigi võite neid küpsetada ilma külmkapita, paraneb maitse, kui need on jahutatud. Nautige omatehtud Norra kohvikooki "Kringlas"!

89.Taani õuna- ja ploomikook

KOOSTISOSAD:

- 5 untsi võid
- 7 untsi tuhksuhkrut
- 2 muna, hästi pekstud
- 3 untsi Isekerkiv jahu
- 4 untsi jahvatatud mandleid
- 4 untsi piima
- 1 tl vanilli
- 1 spl Keeva vett
- ½ tl Küpsetuspulbrit
- 8 kividega ploomid, tükeldatud
- 4 untsi kooritud kreeka pähkleid, peeneks hakitud ja segatud 2 sl suhkruga
- 2 rohelist õuna, südamikust puhastatud ja viilutatud
- 3 supilusikatäit Suhkur
- Jahvatatud kaneel
- Või

JUHISED:

a) Vahusta kõik taigna koostisosad köögikombainis, lase sellel 10 sekundit vahustada.
b) Käivitage spaatliga ümber kausi ja töödelge veel 5 sekundit.
c) Valage tainas hästi võiga määritud 10-tollisse ümmargusse koogivormi.
d) Asetage ploomid taignale.
e) Tõsta lusikaga peale kreeka pähkli ja suhkru segu.
f) Laota õunaviilud kreeka pähklite peale.
g) Küpseta eelkuumutatud 375-kraadises ahjus 45 minutit.
h) Puista pind suhkru ja kaneeliga.
i) Määri võiga ja küpseta veel 20–25 minutit või kuni varras tuleb puhtana.
j) Nautige oma Taani õuna- ja ploomikooki!

90. Norra rabarberi magustoit

KOOSTISOSAD:
- 1½ naela rabarber
- 1½ tassi vett
- ¾ tassi suhkrut
- ½ tl vanilli
- 3 supilusikatäit maisitärklist
- 1 tass rasket koort
- ¼ tassi suhkrut
- 1 tl vanilli

JUHISED:
a) Peske rabarber, lõigake ja lõigake ½-tollisteks viiludeks.
b) Sega rabarber vee ja suhkruga, seejärel hauta pehmeks.
c) Sega juurde vanill.
d) Sega maisitärklis vähese külma veega, et saada ühtlane jäik pasta.
e) Lisa pidevalt segades rabarberile maisitärklisepasta ja küpseta 5 minutit või kuni see on paks ja selge.
f) Vala segu klaasist serveerimisnõusse.
g) Vahusta rõõsk koor vahuks.
h) Lisa vahukoorele suhkur ja vanill ning jätka tugevaks vahustamist.
i) Torka vahukoor läbi kondiitritoru dekoratiivse keerisena rabarberikompoti peale.
j) Teise võimalusena kata pealt lusikate vahukoorega.
k) Kui eelistate serveerida ilma vahukooreta, võiks seda serveerida ka igale portsjonile valatud vähese piimaga.

91. Rootsi Tosca

KOOSTISOSAD:
KOOK:
- ½ tassi keeva vett
- ¼ tassi valtsitud kaerahelbed
- ½ tassi Tugevalt pakitud fariinsuhkrut
- ½ tassi suhkrut
- 3 supilusikatäit heledat margariini
- ½ tl mandli- või kookospähkli ekstrakti
- 1 tass universaalset jahu
- ¼ tassi munaasendaja (või 1 muna)
- 1 tl Küpsetuspulber
- ¼ teelusikatäit soola
- ¼ tassi valtsitud kaerahelbed

TOPPING:
- ¼ tassi Tugevalt pakitud fariinsuhkrut
- 1 spl Jahu
- 2 spl heledat margariini
- ¼ tassi kookospähklit
- 2 supilusikatäit hakitud pähkleid (valikuline)
- 2 spl lõssi
- ¼ teelusikatäit vanilli

JUHISED:

a) Kuumuta ahi temperatuurini 350 ° F. Pihustage 8-tollisele ruudukujulisele pannile mittenakkuva küpsetusspreiga. Pange kõrvale.
b) Segage väikeses kausis ¼ tassi kaera ja keev vesi. Laske 5 minutit seista.
c) Sega suures kausis suhkur, ½ tassi pruuni suhkrut, 3 spl margariini, mandli- või kookospähkli ekstrakti ja muna või munaasendaja. Löö hästi. Lisa kaera segu ja klopi veel 2 minutit keskmisel kiirusel.
d) Tõsta jahu kergelt lusikaga mõõtetopsi; ühtlustuma. Lisa 1 tass jahu, küpsetuspulbrit ja soola. Vahusta veel 2 minutit.
e) Vala tainas ettevalmistatud ahjuvormi. Küpseta 350 °F juures 25–30 minutit või kuni hambaork tuleb puhtana.
f) Samal ajal segage väikeses kausis ¼ tassi kaerahelbeid, ¼ tassi pruuni suhkrut ja 1 spl jahu. Sega hästi. Lõika sisse 2 spl margariini murenemiseni. Kasutamisel sega juurde kookospähkel ja pähklid.
g) Lisa kattesegule piim ja vanill ning sega korralikult läbi.
h) Määri kate kuumale koogile. Prae 5–7 tolli kuumusest 2–3 minutit, jälgides, et kook ei kõrbeks. Prae kuni kihisev ja kuldne.
i) Jahuta veidi restil ja serveeri soojalt.

92. Norra Riskrem

KOOSTISOSAD:
- ¾ tassi riisi
- 1 tl Sool
- 4 tassi piima
- ½ tassi suhkrut
- ½ tl mandli ekstrakti
- 1 pint Raske koor, vahustatud ja maitse järgi magustatud
- ½ tassi mandleid, hakitud
- 1 mandel, terve

JUHISED:
a) Keeda riisi ja soola piimas topeltkatlas, kuni riis on pehme ja segu paks, umbes 1½ tundi.
b) Lisa suhkur ja mandli ekstrakt. Jahutage.
c) Lisa hakitud mandlid ja üks terve mandel.
d) Sega juurde vahukoor.
e) Serveeri punase puuviljakastmega (vaarikas, maasikas või pohl).

93.Taani fondüü

KOOSTISOSAD:
- 6 untsi lahja keskmine peekon, koor eemaldatud ja peeneks hakitud
- 1 väike sibul, peeneks hakitud
- 3 tl Võid
- 3 tl tavalist jahu
- 8 vedeliku untsi Lager
- 8 untsi riivitud Havarti juustu
- 8 untsi riivitud Samso juustu
- väikesed Magushapud kornišonid ja heleda rukkileiva tükid, serveerimiseks

JUHISED:
a) Pane peekon, sibul ja või kastrulisse ning küpseta, kuni peekon on kuldne ja sibul pehme.
b) Segage jahu, seejärel lisage järk-järgult lager ja küpseta sageli segades kuni paksenemiseni.
c) Lisa kogu aeg segades juustud ja jätka küpsetamist, kuni juustud on sulanud ja segu ühtlane.
d) Vala fondüüpotti ja serveeri kornišonide ja heleda rukkileiva tükkidega.

94. Rootsi juustupirukas

KOOSTISOSAD:
- 1 x põhitaigna pirukakoorik; 9"
- 2 tassi kodujuustu
- 3 suurt muna
- ¼ tassi pleegitamata jahu; Sõelutud
- ¼ tassi granuleeritud suhkrut
- 1 tass kerget koort
- ½ tassi mandleid; Röstitud, peeneks hakitud

JUHISED:
a) Kuumuta ahi 350 kraadini F.
b) Suru kodujuust läbi sõela. Pane suurde segamisnõusse ja klopi ühtlaseks.
c) Lisa munad, jahu, suhkur, koor ja peeneks hakitud mandlid. Sega hästi.
d) Valage segu ettevalmistatud 9-tollisse kondiitrivormi.
e) Küpseta umbes 45 minutit või kuni nuga tuleb puhtana välja.
f) Võta pirukas ahjust välja ja jahuta enne serveerimist.

95.Norra lõhetordid

KOOSTISOSAD:
- 10 supilusikatäit Või
- 2 tassi Jahu
- Vesi; külm
- 1 supilusikatäis Või
- 1 suur Sibul; hakitud
- 1 tass Seened; viilutatud
- ½ tassi Hapukoor
- 1 naela Lõhefilee
- 2 Munad; kergelt pekstud
- 2 teelusikatäit till; värske, hakitud
- soola
- Pipar
- 1 Munavalge; kergelt pekstud
- 1 tass Hapukoor
- 2 teelusikatäit murulauk; hakitud
- 1 teelusikatäis till; värske, hakitud
- 1 kriips Küüslaugupulber

JUHISED:
küpsetiste valmistamiseks:
a) Lõika või saumikseriga jahuks ja lisa vähehaaval vett, kuni moodustub jäik tainas.
b) Rulli ja lõika välja ülemine ja alumine koorik 12 koogi jaoks.
TÄIDISE VALMISTAMISEKS :
c) Sulata pannil või, lisa sibul ja pruunista. Lisa seened ja hapukoor; hauta viis minutit ja jahuta. Vahepeal hautage või aurutage kala, kuni see kergesti helbeks läheb. Nõruta kala ja helbed kausis. Sega terved munad ja till kalaga. Maitsesta soola ja pipraga maitse järgi.
d) Blenderda kala ja seenesegud ning tõsta lusikaga põhjakoorikutesse. Tõsta peale teine koorik ja suru servad tihendamiseks kokku.
e) Pintselda ülemised koorikud ja servad munavalgega. Torgake auruavade jaoks koorikud.
f) Küpseta 10 minutit temperatuuril 450 kraadi F või kuni koorik on kuldpruun.
TOPPINGI VALMISTAMISEKS:
g) Sega omavahel hapukoor ja maitseained.
h) Enne serveerimist lisage igale koogile lusikatäis.

JOOGID

96.Jumal Haamer

KOOSTISOSAD:
- 15 milliliitrit sidrunimahla
- 15 milliliitrit apelsinimahla
- 30 milliliitrit Rootsi punšilikööri
- 60 milliliitrit helevalget rummi

JUHISED:
a) Raputa koostisained jääga ja kurna jahutatud klaasi.
b) Kaunista apelsinikoorega.

97. Arst

KOOSTISOSAD:
- 22 milliliitrit laimimahla
- 45 milliliitrit vananenud rummi
- 45 milliliitrit Rootsi punšilikööri

JUHISED:
a) Raputa koostisained jääga ja kurna jahutatud klaasi.
b) Kaunista laimikoorega.

98.Rootsi kohvi segu

KOOSTISOSAD:
- ½ tassi lahustuva kohvi graanuleid
- ¼ tassi Tugevalt pakitud fariinsuhkrut
- ¼ teelusikatäit jahvatatud kaneeli
- ¼ tl Jahvatatud nelk
- ¼ teelusikatäit jahvatatud muskaatpähkel
- ¼ tl riivitud apelsinikoort

JUHISED:
a) Kombineerige kõik koostisosad, segage hästi.
b) Hoida toatemperatuuril õhukindlas anumas.
c) Sega 1 spl kohvisegu ja 1 tass keeva vett. Soovi korral tõsta peale vahukoort.

99.Rootsi oda

KOOSTISOSAD:
- 30 milliliitrit roosa greibimahla
- 30 milliliitrit Rootsi punšilikööri
- 60 milliliitrit bourbon-viskit
- Briti mõru õlu

JUHISED:
a) Raputa kolme esimest koostisosa jääga ja kurna jahutatud klaasi. Pealt õllega.
b) Kaunistamiseks kasutage greibi viilu.

100. Taani kohv

KOOSTISOSAD:
- 8 tassi kuuma kohvi
- 1 tass tumedat rummi
- 3/4 tassi suhkrut
- 2 kaneelipulka
- 12 nelki (tervet)

JUHISED:
a) Sega väga suures raskes kastrulis kõik koostisosad kokku, kata kaanega ja hoia madalal kuumusel umbes 2 tundi.
b) Serveeri kohvikruusides.

KOKKUVÕTE

Kui lõpetame oma "Skandinaavia sööki avalikustamata" uurimise, täname meiega liitumise eest kulinaarsel teekonnal läbi Põhjamaade rikkalike ja autentsete maitsete. Loodame, et need 100 retsepti on võimaldanud teil nautida Skandinaavia köögi olemust, tuues teie koju piirkonna kulinaarse maagia maitse.

See kokaraamat on midagi enamat kui lihtsalt retseptide kogum; see on kutse omaks võtta lihtsuse ilu, nullist loomise rõõm ja rahulolu, mis tuleneb maitsvate hetkede jagamisest laua taga. Kui naudite viimaseid suupisteid nendest autentsetest Skandinaavia loomingust, soovitame teil jätkata Põhjala pakutavate rikkalike kulinaarsete gobeläänide avastamist.

Inspireerigu "Skandinaavia söök avalikustatuna" teie tulevasteks kulinaarseteks ettevõtmisteks ning Skandinaavia autentsed maitsed kaunistavad teie kööki jätkuvalt soojuse, rõõmu ja põhjamaise külalislahkuse vaimuga. Skål!

www.ingramcontent.com/pod-product-compliance
Lightning Source LLC
Chambersburg PA
CBHW050150130526
44591CB00033B/1227